社會工作管理

——人羣服務經營藝術

廖 榮 利 著

學歷：國立中興大學社會學系學士
美國耶希華大學社會工作碩士
美國芝加哥大學社會行政研究院研究
現職：國立臺灣大學社會學系教授

三 民 書 局 印 行

國家圖書館出版品預行編目資料

社會工作管理：人羣服務經營藝術／
廖榮利著. -- 再版. -- 臺北市：三
民，民87
　　　面；　　　公分
含參考書目
ISBN 957-14-0087-4（平裝）

1.社會工作

547　　　　　　　　　　　　　79000474

網際網路位址　http://sanmin.com.tw

© 社　會　工　作　管　理
　　——人羣服務經營藝術

著作人　廖榮利
發行人　劉振強
著作財
產權人　三民書局股份有限公司
　　　　臺北市復興北路三八六號
發行所　三民書局股份有限公司
　　　　地址／臺北市復興北路三八六號
　　　　電話／二五００六六００
　　　　郵撥／０００九九九八——五號
印刷所　三民書局股份有限公司
門市部　復北店／臺北市復興北路三八六號
　　　　重南店／臺北市重慶南路一段六十一號
初版　中華民國八十年五月
再版　中華民國八十七年二月
編號　S 54033
基本定價　伍元貳角
行政院新聞局登記證局版臺業字第○二○○號

有著作權・不准侵害

ISBN 957-14-0087-4（平裝）

李　序

　　作爲一個行爲科學家暨管理學教授的本人，曾在拙著《行爲科學》、《組織社會心理學》等課本中，強調今日管理科學之廣泛被使用於各種領域，其中包括社會工作體系中對管理知能的充實與發揮其功效。

　　如今，本人高興看到好友榮利兄的這一本社會工作管理之出版。在臺灣的社會人羣服務領域裏，從實務到理論的教學人力，有其多項正面的功能，包括能協助學生提早將理論與實務連接。年前本人與廖教授共同擔任臺大社會所碩士班的學生實習指導時，更清楚地發現廖教授的這項特點。

　　拜讀他的這一本書，愈加發現將管理學原理原則和專業技藝之運用於社會工作專業體系，廖教授展現了他的豐碩學識與專業技藝，他不但將這兩方經證實有用之行爲科學和管理學的實用知識深入淺出地介紹給讀者，並且他將多項在臺灣的實證研究也納入該書內容，是相當可貴與可賀。

　　藉由機構專業人力潛能之啟發運用，專業技藝與科層體制之整合，以及人性取向的領導行爲與服務輸送之效能化等，均爲該書的潛性功能。這一本書使社會福利與社會工作之質化有示範作用，它具有管理的、督導的、教育的，以及人力發展之功用。

　　本人願在此推介此書給下列教與學人士做參考：㈠社會工作教師與學生，㈡社會行政主管與督導，㈢民間社會服務團體人士，㈣其他人羣服務機構人士等。並願看到其他社會福利暨社會工作管理方面學術論著

之不斷問世，以強化此一領域之有效經營發展。

臺灣大學商學研究所所長

李　長　貴　博士序

一九九一年五月二十五日

詹　序

　　臺灣大學社會學系所教師同仁一向秉持教學、研究、以及諮詢服務的職責，平日兢兢業業於其上述三方面的持續發展，是本人所樂見且對同仁們感佩的。在本人所出版過的社會福利理論、社會行政等方面的書籍中，也常受到讀者們的回饋與指教。

　　社會福利理論反映於社會福利政策，社會福利政策則落實於廣大社會大眾，其方案規劃和評估與服務輸送程序，均須講究社會工作專業方法與技術，其中社會工作管理是關鍵之一。

　　新近，廖榮利教授將其在本系講授社會工作管理課程之主要內容整編成冊，並由臺北三民書局出版以供讀者參閱，使社會工作管理知識能多方面推廣，是一件令人高興的事，也是社會福利暨社會工作界同道們所樂於見到的一本好書。

　　這一本社會工作管理是以實務取向，且有實用價值的書，書中包括作者廖教授多年來在臺灣的研究心得，例如該書中有關臺灣青年的領導觀、臺灣企業主管的溝通觀、臺灣女性主管的社會觀與領導觀，以及臺灣社會工作界的督導程序實例分析等，均以臺灣經驗為焦點，相當有鄉土性。

　　像這樣一本社會工作管理的讀本，將有助於公私立正規社會工作教育單位師生，機構在職訓練學員，各級社會行政體系主管、督導、從業人員，以及各類型民間社團人士之參考。

　　本人從多年前受教於廖教授門下，深知其治學嚴謹，且啟迪後進不

遺餘力。本書為其力作之一。對社會工作管理定有實務上的裨益，謹在此記述拜讀心得，並鄭重推薦予學界先進同仁。

臺灣大學社會學系暨研究所所長

詹 火 生 博士序

一九九一年五月二十五日

序　言

　　這是臺灣第一本「社會工作管理：人群服務經營藝術」的書，它將有助於社會工作師生，社會工作從業人員，以及從事社會福利暨衛生、勞工、以及人群服務之政府、民間機構人士。

　　把現代科學經營管理的理念，運用於政府、各層級社會福利暨衛生行政體系，以及各類型民間社會服務事業，愈來愈受到視社會福利暨衛生為一種制度化人群服務之人士所重視。尤其，社會工作專業人員和社會行政人員，在其受僱於民間或政府機構組織中，提供社會服務受益人各項服務時，循社會服務經營管理的原則去執行其業務，將能更符合成本效益和服務素質保障之功效。

　　近年來，社會福利事業受到管理科學的影響，更加強調社會服務方案管理上之探究。尤其，機構的組織型態，行政的動態程序，社會資源與行政支持，服務輸送系統等，形成社會服務方案之設計與執行人員和第一線社會工作專業從業人員之關注。因此，社會服務經營管理便成為類似企業管理上的一門重要學科，稱之為社會服務方案設計，社會服務經營管理，以及社會服務經營藝術等。

　　重視科學管理和經營藝術的公私立社會福利機構及其社會服務運作，其重點一方面在於維持社會福利機構的權責估量水準，以達到方案之效率與效果；同時，它致力於訓練每一社會福利工作者成為中階層管理者和臨床管理者，以負起社會行政與社會工作技藝之督導責任，即使是一位從事微視面社會工作，提供直接服務的社會工作者，也必須體認

與篤行個案經營管理之藝術， 才算是一位當代有效能的社會個案工作者。

簡言之，社會服務經營管理的實質功效，是整合於社會福利機構科層組織與社會福利方案之以下各項程序之上，即人員招募與人事管理、組織結構，行政與動態程序、生產與服務之生產力、營運與服務效果，組織之研究發展，財務管理、辦公室設計與使用，以及方案規劃與管理方面，負責決策與督導階層的社會行政主管暨督導人員，更要自身以身作則與督導所屬員工，一方面要以實務家的作法，務實且儘速辦事；及以藝術家的作法，樣樣工作必達完美境界，也就是要有遠大的眼光與全盤考慮的周詳計劃。另外，他更須具備崇高的理想，規劃的能力，以及管理的能力，將人事物支配得有條不紊，以充分發揮團隊精神，提高工作效率，以及確保服務受益人之至大福祉。

本書是作者在臺灣的研究與教學資料之一部份整編而成，包括在臺大社會系社會工作組講授「社會工作管理」課程，在中華企管中心講授「經理人管理潛能發展」課程，在公私立員工訓練機構講授「行為科學與管理」課程，以及在臺灣的一些實證研究發現資料為基礎。因此，本書內容是科學性、鄉土化、以及實用性並重的。願以此有限的知識與經驗，與本書讀者分享與共勉！

廖榮利 誌於臺灣大學社會系

一九九一年二月五日

社 會 工 作 管 理

目　次

李　序

詹　序

序　言

第一章　行為科學與管理

第二章　人羣關係與組織

第三章　專業人員與科層體系

第四章　領導

第五章　協調

第六章　溝通㈠：組織溝通

第七章　溝通㈡：交流分析

第八章　公共關係

第九章　個案管理

第十章　督導㈠：原理原則

第十一章　督導㈡：方法與技術

第十二章　諮詢

第十三章　臺灣女主管之領導觀

第十四章　壓力與適應

第一章 行為科學與管理

壹、行為科學與管理

一、行為科學在管理上的意義

初投入人羣服務（human services）的工作人員，均會開始體認到行為科學的知識與方法，對其管理行為上的需要性。經歷較深的工作人員，更容易感受到其得力於行為科學的知識與方法良多且深。那是因為，行為科學在管理上的重要性已被許多事實所驗證（廖榮利，民七十六）。

在現代人羣服務管理領域中，行為科學知識與方法之實際運用，對於過去傳統管理的觀念作了重大的修正，使現代管理的核心，由「事」、「物」的管理，進而為「人的行為」之管理（Beer, 1985）。

具體言之，現代「行為管理」乃以人為中心；它並且認為：「人並非完全理性的，人有「非理性」的一面；事在人為，物在人管，財在人用」。因此，管理的重心在「人」，管理須先就「人」的方面講求效率的增進，才能把事做好（Friesen, 1987）。

因此，值得各級管理人員警惕的是，傳統的管理已不是良方。因為，傳統的管理一向以「事」為中心，並且認為「人」具有理性的，他能自然地適應制度的要求；傳統的管理者只須運用科學化的辦事方法，使一切制度化、系統化，以及標準化即可（Davis, 1982; Rubin, 1987）。

足見，今日人羣服務組織的各級管理人員，須以人的管理暨行為管理，為其日常工作上的首要觀念之一；而其管理行為的思考與行動，均須以行為科學的客觀知識為依據。

二、管理人員對管理真諦之確認與篤行

「管理」（management)對管理人員所意味的是：「主管（督導）人員運用管理的知能，以激發部屬的體力與腦力，並完成公司或上級主管所交辦的工作目標之系列活動。」

因此，任何機構（或單位）若要講求經濟成效（或工作成果）時，不論其為營利性機構或非營利性機構，均須講求管理的方法與技巧。

尤其，人羣服務所經營之服務內容與對象愈龐大和愈複雜時，則系統性的管理知識，更顯示其功用 (Beer, 1985; Cook, 1980)。

對於各級主管人員來說，「管理」乃是他們為了要完成工作和達成機構的服務目標，在策劃、執行、財務（含會計）、人事（或勞資關係），以及研究發展（含工作績效評估）等五大「營運機能」(operation functions)， 運用其營運的程序：卽計畫、組織、用人、指導，以及控制等五大「管理機能」(management functions)， 所採行之決策、協調，以及資源運用之各種方法或活動。由於此種活動相關之知識極為廣泛且系統化，因此形成「管理科學」(management science)。

科學管理 (scientific management) 乃是今日的管理科學之核心。在一般管理、人羣關係、決策行為、決策理論，以及數量方法等先後發展之下，到了一九六〇年代開始發展之「行為科學」（在企業管理之運用）和電子資料處理（運用於人羣服務事業）等，綜融而成為今日兼容並蓄之「管理科學」。因此，行為科學自然成為現代管理人員所必備的知識。

總之，在人道主義與自由經濟體制下，各類型人羣服務業之各級主管暨管理人員宜有的體認是：

- ·「行為科學」乃是今日管理科學的一環。
- ·科學的管理乃以「行為科學知識」為依據。
- ·現代管理的核心是對「人的行為」之管理。
- ·管理人員之「管理行為」係行為科學之表徵。
- ·行為科學對機構組織、員工行為，以及服務受益人的需求，分析說明。

貳、現代行為科學的塑像

一、現代行為科學

現代行為科學（behavior science）為一種科際整合性的綜合性科學研究領域，仍是一項相當新穎的事兒。行為科學一詞之使用，或許可以追溯到二次世界大戰後之一九五〇年代起，美國浮德基金會（Ford Foundation）普遍運用此一用詞開始。當時該基金會「萬元方案」以專案研究「個人行為與人羣關係之交互性」，乃是一個頗具規模且盛傳一時的「行為科學方案」（behavior science program）。從此開始，以「科學的方法來研究人類行為」之觀念即已被確定和受到重視（廖榮利，民七十五；Luthaus, 1986）。

行為科學所謂「以科學的方法來研究人類的行為」，是和早先的其他科學如生物暨生理科學，人文科學，以及其他社會科學，有其關連性和差別性的。鹿扎慈(Luthaus, 1986)在其〈行為科學〉（"The Behavior Science"）一文中曾將行為科學與其相關科 學之關連性，以下列方式表示：

二、行為科學之定位圖

藝術與科學 (ARTS and SCIENCES)

人文科學 (Humanities)

物理科學 (Physical science)

生物科學 (Biological science)

社會科學 (Social sciences)

經濟學 (Economics)

歷史學 (History)

政治學 (Political science)　　以及

行為科學 (BEHAVIORAL SCIENCES)

人類學 (Anthropology)

社會學 (Sociology)

心理學 (Psychology)

從上述圖解中，吾人可以看出行為科學以其三門基礎的科學為一體，成為社會科學的次分類 (subclassification; subpart)；而社會科學則屬於整體藝術與科學的主要次部門。至於行為科學和其他社會科學（如歷史學、經濟學以及政治學等）的最大區別，在於其獨特的研究方法所累積而成的知識體系。

行為科學的特性，乃依據行為科學家 (behavioral scientists) 們，所致力研究所獲得的經驗證所得的精品。因此行為科學的主要特性有 (Berelson, 1964)：

· 行為科學的程序是公開化的。

· 行為科學的定義是有其精確性的。

· 行為科學的資料收集是具有客觀性的。

・行為科學的研究發現是可複製的。

・行為科學的道路是系統化和累積而成的。

・行為科學的成果是可解釋的，可理解及可預測的。

總括說來，針對實際的行為問題與未解答的問題，科學的研究方法，以及現存的知識體系之間的關係，行為科學提供其有效的研究方法與正確答案。

【從古老的題目到新穎的科學】

行為科學的研究是一門比較新穎的學術領域，但是人類社會對人類行為的深入思考，卻可追溯到十八世紀末到十九世紀初葉間。因此梅爾頓(Merton 1963)在其《行為科學的經典》(*The Mosaic of the Behavior Sciences*)一書中，曾引用歌麗流 (Galileo) 的話指出：行為科學乃是古老課題的新穎科學，因為自從人類居住在地球上以來，其行為就受到關切並企求瞭解，儘管幾乎沒有一門科學或學科能被正確地指出特定的起源時日。只是對人類行為的科學研究是比較新近的事兒。

從一些文獻可發現，早在一八七九年間德國的「翁搭仔」(Wilhelm Wundt's) 的著名實驗院，就開始企圖對人類行為作深入的探究，比如當時亞里斯多德 (Aristle) 便曾強調以客觀的態度來觀察人類行為的重要性。一八四二年法儒孔德 (Comte) 創立社會學。十九世紀中葉德國心理學家莫烏拉 (Müller) 等人提出對人類內在心理現象從事深層探究的方法。一八六○年，一位叫斐其那 (Fechner)的物理學家出版《心理物理學要素》的書。一八六○年間戈爾頓 (Galton) 從事人類行為個別差異的研究，並試圖將其運用於達爾文(Darwin) 的改革觀念中。到了一八七九年人類學之父泰勒 (Sir Edward Taylor) 出版《原始文化》(*Primitive Culture*) 一書。上述各項學術的努力與成就，均為後世紀奠定了鞏固的基礎，雖然它們的研究尚未達到科學化的程度。

叁、以科學方法研究人類行為

【人類行為的科學方法研究】

真正以科學方法研究人類行為的行為科學，是二十世紀中葉才開始盛行的學術活動。行為科學有其獨特的研究方法，其中包括：實驗設計法 (experimental design)，實驗室驗證法 (laboratory experiments)，自然實驗法 (natural experiments)，實地觀察實驗法 (field experiments) 以及個案（研究）法 (case method)。

此處所指的個案設計法 (case design)，是針對單一或數個行為實體 (behavioral entities) 所做的完整試驗與分析，這些實體包括：從業人員、督導人員、管理人員、部門以及機構整體。此個案方式的研究之目的在於對每個方面的深層狀況再做一些周延、精確以及預測性的發現與分析。在此值得一提的是，此個案設計是有別於社會工作者和心理治療師的所謂「個案研究」 (case study)。

【以科學的方法研究個體、集體，以及文化】

一種最簡要的說法是，行為科學 (The behavioral science)是以科學的方法研究人類行為。其中研究人類的「個體行為」 (individual behavior) 為主的學問，叫做「心理學」 (psychology)；研究人類集體行為(collective behavior) 為主的學問，叫做「社會學」(sociology)；以及研究人類的社會文化學問，叫做「人類學」(anthropology)或文化人類學 (cultural anthropology) (Luthaus, 1986)。

到目前為止，一般認為行為科學主要包括心理學、社會學，以及人類學三門學科。換言之，現代行為科學的範圍中，就以心理學、社會學，以及人類學等三門學科為其核心科學 (core sciences)。其中三門學科的研究重點、交互性以及整合作用如下 (Luthaus, 1986)：

．人類學家企求瞭解不同的文化，對人類行為之模塑情形。

．社會學家和人類學家相類似地，把個人心理當做恆數，而以社會關係和文化模式的立場，研究人類的行為。

．心理學家則暫時把社會文化當做恆數，而從心理學與生物學的層面，研究與分析人類的行為。

【臺灣社會對行為科學的新體驗】

近年來在臺灣，學術界和相關專業領域，對行為科學之正視，見諸於大學院校理工學院講授行為科學課程，醫學院講授行為科學課程，以及公共行政與企業管理的學術與實務界，均在其正規教育或在職訓練方案中，設有行為科學系列課程。

以中文著作對行為科學所界定的定義中，一項比較系統化和周延化的有：李長貴在其《行為科學》一書中所闡述的行為科學的涵義（李長貴，民七十二）：

【李長貴行為科學涵義】

行為科學為研究人類行為的科學，以科學方法對人類行為做有系統的研究，找出行為的原因，激發行為的因素和行為活動的目標，從而了解行為的本質，藉以預測行為的發生，輔導行為的方向，並預備和改善激發行為的情境，使行為在人類活動的各方面，得以建設性的發揮和成就。

行為有內在因素和外在表現兩方面，內在行為即為人的思考、思想、觀念、態度、需要、動機、情緒、認知、性格等等，為行為的原因、架構和傾向，直接關聯、支配和影響外在行為，亦為生活的活動和工作所表現出來的各種各類行為。

對於行為科學的研究範圍與運用，李長貴認為：行為科學是以心理學、社會學、社會心理學以及人類學等學問為核心；並以經濟學、政治

學、行政學、管理學、生理學、神經學等為輔助，綜合而成的科際學問
(interdisciplinary science)。

在運用面來看，自從一九五〇年代以後，在科技先進的國家，對人
類行為的重視，尤以在工業、商業、政治、法律、教育、醫學、公共衛
生、軍隊、社會工作、行政工作、管理工作、社團工作等等，凡涉及於
人類行為活動場所，均迫切需要有關的行為知識，得以充實其工作內容
和品質，提高行政績效。

肆、行為科學與行政行為

【行為科學與行政管理】

心理學、社會學以及人類學等三門行為科學知識，一般認為其在現
代公共行政與企業組織之管理上，關係比較直接和密切。因此，現代科
學管理上強調行為知能的運用。

一般言之，行為科學對行政管理的價值是：行為科學將組織中之相
互依賴關係，描述出一般性的概念與解說；行為科學提供了搜集數據與
思考數據中相互關係的方式；行為科學針對行政管理上的問題及其變革
的政策性抉擇方式加以說明；以及行為科學對各種行政行為提供可行的
方案與準則（李長貴，民七十二）。

事實上，行為科學知能對公務員的行政行為的影響，尚可以從以下
各層面加以探討（廖榮利，民七十五）：

1. 增進對員工的了解。

行為科學探討人的行為，從個體行為、集體行為以及文化行為解釋
人的行為，這對員工的行為能做科學化和客觀的了解；而非以主觀的經
驗以及模糊不清、猜測假懂、甚至個人偏見等來看員工行為。

藉由正確而客觀的員工行為的行為認識，行政人員自然對他所服務

的同事（員工）之心理、態度、行爲均能敏銳察知，以增進意念交流與服務功效。

2.加強行政人員的健全人格，工作整合，以及職業生涯發展。

在充實並有效運用行爲科學的知識下，個別行政人員對自身的行爲功能及其整合於工作情境中，會有逐漸穩定的發展，進而匯合個人知能奠定終身爲公共行政從業人員之自我期許。

不論行爲科學一般對人及環境之認識，或是心理學人格動力之了解，以及社會學職業生涯及科層組織與人員，在在均能裝備行政人員成爲一種有知覺和有信念的「志業型」和「專家型的科層人員」。

3.強化現代公共行政以民爲本，爲民服務，以及良好的有效的服務態度。

公共行政的規則與執行，卽行政人員對機構人員之鼓舞士氣、知能發展，以及自律行爲，可藉由行爲科學知識，使之客觀化、合理化以及可行化，以達成爲民服務的目標。

行爲科學中的人羣關係學知能，若能有效融合於各級人員之思想與行爲中，則能養成公共行政人員之公僕，爲民、利民，以及良好有效之服務觀念態度，並以效率、創新，以及團體爲前提。

4.促進公共行政人員的職前與在職訓練之課程規劃與成效。

從傳統以來之公共行政到現代的行政管理理念與實施，行爲科學的理論架構提供一種系統化和周全性的參考模式，尤能使行政人員知能與公務規劃出方向與模式。

當前各級公共行政人員的訓練課程中，大多數課程均以行爲科學爲範疇，使員工能藉由對組織機構、組織行爲、行政程序、工作態度，以及民眾心理認知與篤行，以發揮其行政知能與技藝。

5.提供科學方法以考評各項行政法規及公共服務措施。

行為科學的理論與方法，對當前公共行政研考工作，提供正確可靠的預估與評價的方法，其中也包括各項行政業務。

各級行政人員對不同層次的工作，可使用行為科學理論與方法，對本身業務做經常性或定期性的評估。

【人羣關係學之研究與運用】

人羣關係學（The science of human relations）可以說是一種整合性的行為科學領域，它是對行政體系或企業組織中的個別員工、單位或團體以及工作情境或組織機構，從事研究並將其研究發現付諸實施的一門學科。它對現代行政管理和企業經營之重要性，已被研究者證實和實施者所採行。

人羣關係學研究的範圍有三：（一）個人與羣體（單位）組織的關係。（二）羣體（單位）與個人之互動關係。以及（三）羣體（單位）與組織的關係。至於人羣關係的目標乃在於：使任何企業或行政組織中的個人影響羣（單位）、組織（機構）或羣體（單位）影響個人。換言之，即使得個人、羣體（單位），以及（組織）機構三者之間產生良好有效的互動模式，以增進企業組織的有效運作或經營，以提高生產效率與品質或對大眾服務之素質。

人羣關係的研究從運作面來說，它所研究的內容包括以下各項（廖榮利，民七十四）：

・人在工作情境（場合）之行為表現。

・人的行為與工作之間所產生的相互關係。

・人在工作時的行為可獲得更佳結果的時空因素。

・主管與員工之間的互動，即影響員工的態度與行為之有效途徑。

・主管與員工雙方的意見溝通，使員工自動合作與工作滿足。

・使員工能以忠心的態度對待工作、主管與僱主。

．以有系統的科學知識和專業技術帶領員工。

．以科際整合的知識探討公私營大組織中的人事。

．以科學方法研究組織、單位與個人行為。

公共行政與企業管理上，人羣關係知能所意味的是深遠的作用。尤其對公企主管人員來說，人羣關係是帶領所屬員工完成工作知能和過程，卽藉人羣關係力量以整合員工於工作情境中，激勵員工在一種合作而有生產效能的條件下進行工作，使經濟的、心理的以及社會關係等三方面的需求均獲完整結果。換句話說，積極而成功的人羣關係，能促成員工間的良好互動和發揮團隊精神，使員工不斷從工作中滿足自身的慾求，同時圓滿達成組織的目標。

具體言之，人羣關係強調人性激勵和人格尊嚴，也就是把人當人看；而比較不是從經濟因素、科技觀點及組織結構面，把員工當作機器一般地使用。雖然人羣關係的運作與後面那些因素有關係，但是前者往往顯得更為重要。因此，藉人羣關係的講究，促成員工與工作產生的效果關係，員工與員工的合作關係，以及公企組織與員工個人的平衡關係，已成為今日公企管理上的「人性管理」的有效途徑。

有了以上的認識，公企人員在其平日工作上，如何自我引導和影響員工，在其觀念和思考架構上有其依據的。並且，進一步尚須講究一些與人羣關係原則符合的對待員工的準則。一般來說，以下是各項合乎人羣關係之帶領員工的準則：

【帶領員工的藝術】

．主管人員要關心和同情員工在工作上或個人生活上所遭遇的困難。

．主管人員宜經常提供員工卽時須知的訊息。

．主管人員對員工盡量避免批判態度或不必要的責難。

- 主管人員允許，甚至鼓勵員工之間對決策事項參與意見。
- 主管人員在不失領導者的立場之下，有意願和有能力去協助員工完成其工作。
- 主管人員要能前後一致地執行其所下達的命令，並維持紀律。
- 主管人員要能讓員工清楚其謀求工作進展的途徑。
- 主管人員宜給予員工原則性和啟發性的督導，而儘量不是供予簡易答案。
- 主管人員與員工之間保持一種理性和客觀的工作關係或日常的互動。

伍、心理學與行政運作

【從哲學式的心理學到科學式的心理學】

現代心理學採用科學方法研究人類的心理歷程和行為，故稱為行為科學式的心理學，它到了十九世紀下半葉才脫離哲學，而成為一門獨立的科學。之前，心理學以哲學式的心理學姿態出現於人類社會，它僅以概念性的思考解釋人類的心理狀態或心理問題；其所使用的概念不一定有實質的運作意義，故在現代社會是很少使用的。

科學的心理學在概念之使用時，儘量要有運作的意義，即研究者必須要能觀察及測量概念所指示的實質對象。此項條件是現代化心理學所特別強調的。科學心理學乃是現代心理學所指的一門學科，也是行政管理上所採用的科學知識之一。

【心理學的科學研究方法與理論】

心理學是以研究個體行為為主的學科。心理學所指的「個體」包括人與其他動物，其所指的行為，是指個體（人或動物）在某一情境下所表現之可以觀察的變動，包括有機體局部性或全部性的變動。

　　科學研究的要點在於透過有系統的觀察方法，來搜集或研判資料。此處所指的觀察方法包括直接觀察與間接觀察兩種方法，前者指肉眼所作的觀察，後者則指利用特殊的儀器，以測出個體在某一情境下的反應 (Kuper, 1985)。

　　心理學的基本方法有五：（一）控制實驗方法。（二）實地觀察法。（三）樣本調查法。（四）標準測驗法。（五）個案研究法。其中標準研究與個案研究法，是人事心理學上常使用的方法。

　　心理學的主要理論有四：（一）學習理論。（二）心理分析論。（三）認知理論。（四）人本論。學習理論認為人的大部分（甚至全部）行為都是學習獲得的。心理分析論則以人的本能為出發點。認知理論則區分個體在不同環境中形成概念之差異。人本論則強調人不是由環境所決定的，人有其強烈的主動性，並且人可以透過認知活動來選擇、計畫，以及預見後果。心理學的理論對各種行政人員的訓練有重要的作用，對各種人事法規亦有其依據。

【現代心理學的本質與特性】

　　現代心理學比一般社會科學特殊的地方是，心理學一方面是社會科學，同時心理學亦是生物科學。所以心理學一方面與生理學、遺傳學，以及神經學等有密切關係；心理學另一方面又與人類學、社會學，以及政治學等有密切關係(Kuper, 1985)。

　　心理學採用生物科學和社會科學的方法，研究人類的行為與心理及生理的歷程，使其形成一些綜合性的科學：如行為遺傳學（behavior genetics），心理生物學（psychobiology），心理藥學（psychopharmacology），神經心理學（neuropsychology），心理生理學（psychophysiology），以及社會心理學（social psychology）（林胎光，民七十五年）。在上述各項中，心理學取向的社會心理學知能是行政組織與企業

管理上所常運用的。

心理學是一種學科，心理學也是一門「科學」，以及心理學也是一種專家職業。視心理學為一種學科或科學時，它是現代世界各國大學教育的一門獨立科系，如大學部理學院的心理學系、研究所的碩、博士研究所；另外在大學文理學院的學生，均需修習普通心理學的課程。足見現代心理學的科學研究與知識運用之重要程度。

【心理學是一種專家職業】

現代工業中的人羣服務 (human service)事業中，心理學事業是一種相當廣泛的且專精的專門行業，並且在許多先進國家中心理學家均須經過高深的博士學位，並獲得領開業執照以服務社會人羣，持有此種學位和執業證照的心理學師，幾乎享有與律師、醫師等的社會認可和社會聲望與地位。

嚴格說來，必須是一位經歷正規的、有系統的、嚴格的學識及專業教育，培養而成的心理學專門人才，才能運用其知識和技能，來解決或防止個人或社會問題。以新近的趨勢來看，在工業先進國家較常見的心理學專才 (expert) 或專家 (specialist) 有以下幾種：

- 臨床心理學師(clinical psychologist)，是專精於診斷與治療情緒或適應上有困難的人，其專長有人格心理學，精神病態學，以及心理測驗等；其執業機構有精神醫療院所，心理衛生設施，以及私人心理診所等(柯永河，民七十三；廖榮利，民七十五)。

- 輔導暨諮商心理學家 (counseling psychologist)，是專長於適應心理學，學習心理學，以及人際關係的知能，對正常的人從事家庭、學業、職業，以及人際社會適應、諮商及輔導工作。

- 學校心理學家 (school psychologist)，是專攻學習心理學，職業及性向測驗，以及行為治療等，在各級學校（大多在中小學），

從事對學生的各項測驗並供學校教師諮詢之用。

· 工業心理學家(industrial psychologist)與人事心理學家(personal psychologist)，是對人羣關係學、環境及工作心理學及成人教育訓練學具有專門技能；從事機構的員工遴選與教育訓練、工作環境之改善以及員工心理輔導等工作。

· 工程心理學家 (engineering psychologist)，是專精於人物與機構之交互性與互動作用；負責發展與促進人與機器間的系統 (manmachine system) 的協調，協助設計機器，並使操縱機器的人能充分發揮其功能的專技人才 (McMahon, 1982; 科技百科，民七十五)。

· 消費心理學家(consumer psychologist)，專長於產品與消費者之間交互性與動力性，從事對消費者態度之研究分析，並對顧客與對貨品之愛好、選擇以及購買等心理因素之分析與提供策略之專門人才。

現代公共行政體系及其運作上，有賴於科學心理學的知識與技能的運作，以及須借助心理學專門人才之科技才能之處，愈來愈多且受到重視。因此各種公共行政人員對各該工作領域上之心理學知識和技能必須具備與運用，比如人事人員對工業及人事心理學知識之具備；工程及技術人員對工程心理學知識的認知；以及政府公營企業與工商部門各級從業人員對管理行為與心理之了解，和對消費者心理與態度的熟悉等，均為訓練方案之設計與單位和個人進修須注重的專門知識領域之一。

另外，在各級政府機構的人員編制上，設置與其業務相關之心理學專門人才暨職位，政府專門技術人員管理對心理專技人員之考選、作用與管理，均為加強專門化、分工化以及科技化之行政管理新趨向上，須謀突破和發展的課題。

在政府有關部門的委員會及其諮詢小組中，對其業務有關心理學專才之延聘，專題研究方案之委託，以及心理學學術研究發現之採用，也是行政規劃與研究發展上，值得重視之一環。

陸、社會學與組織行為

【社會學對人類社會行為之研究】

一項比較統整性與系統化的社會學定義，恐怕要算是我國社會學先驅者之一的楊懋春所提出的。楊氏在他的《社會學》一書中將社會學界定為（楊懋春，民七十年）：

「社會學是使用科學的方法，持科學的態度，以研究人類社會。主要論及：

・社會之構成要素，其起源、發展、成熟與變遷；

・論述諸社會事項如社會制度、社會系統、社會活動、社會關係、社會運作程序、社會團體等；

・並想在諸社會事項中尋求或建立普遍性公律、原則、原理等之科學。」

上述定義含有三個重要部分：

1. 社會學研究人類社會，是研究此社會之起源發展、成熟與變遷。

2. 社會學研究社會諸現象。其主要的是社會制度、社會系統、社會行動、社會關係、社會運作程序、社會團體等。

3. 社會學作以上各研究時，不僅要敍述並分析事實，更要尋求或建立存在於各社會事象中的普遍性公律、原理及原則，並製成合乎邏輯之理論。

一般說來，社會學的研究範圍由於太廣泛而不如心理學那樣有其一定的領域。今天社會學對各種社會制度的研究，對公共行政、企業組織

以及民間團體的「組織行爲」的研究，以及各種類的社會問題研究，在在均爲現代公共行政提供積極有價值的政策決定與服務輸送等方面的參考。

【社會學的主要理論及其應用】

研究社會事象並建立普遍性公律、原則以及原理，乃是社會學研究的終極目標。因此，比起其他行爲及社會科學來說，社會學是最偏好建立理論的一門學科。一般言之，社會學的理論有三種，即大型理論（macro-theory），中型理論（middle-theory），以及小型理論（micro-theory）等。小型理論乃是研究小團體中的社會行爲，如學校中的社團行爲，宗教團體中的社會行爲等。中型理論則研究角色理論，社會化理論。大型理論主要的研究與解釋大規模的社會現象與事實，以試圖解釋現存社會之普遍現象，並試圖解釋過去以及未來社會演變規則。此種大型理論主要的有功能理論，衝突理論，互動理論以及交換理論等。

「功能理論」視「功能」爲一種對社會均衡之維持的有用活動，功能亦即效果。此種重結構而非個人研究方向，強調組織中各部門的相互關連性，其特質是組織功能系統。因此，此種理論的基本假設是：每一組織體系內的各部門功能上是相互關連的；每一組織體系內的組織單位有助於體系的持續操作；組織體系內的各體系均有互相影響即有其副體系；以及體系是穩定和諧的。因此，此種功能理論，亦稱爲均衡理論或整合理論。

「衝突理論」，與上述功能理論最大的區別是，它視社會變遷爲必然與劇烈的，且其後果是破壞的而非建設性的。此種理論強調社會關係間涉及利益的衝突，且衝突是不可避免的。衝突理論重視經濟組織中的衝突成份，並強調在資本家的特權之下，勞工階層的受剝削與階級意識的產生。因此，此種理論認爲社會中的每一單位均直接間接造成社會分

化與變遷；強制性的權利關係是社會化的基礎，社會份子的關係也就是支配與受支配的權力分配關係。

「交換理論」相信團體的基本功能在於其份子達到他最終目的。因此，如果能瞭解團體內的個人，就容易了解整個團體。交換理論強調團體並不能超越個人而存在，團體乃是個人的總和，是個人並不能單獨存在的有機體。簡言之，交換行為正是兩個或兩個以上的個人互動來往的現象，交換是雙方面的互動行為。因此，社會交換行為才是最基本的社會行為。

社會學理論對社會制度、社會結構以及機構暨團體組織，提供架構與模式。比如當前人類社會中，自由經濟制度下之企業組織型態與營運，民主法治體制下之各級行政組織與運作皆為功能理論下之產物。

【社會學家的貢獻】

專精於各種領域的社會學家，對於公共行政的貢獻均有其獨特的內容。發展社會學家對整個社會的發展趨向，所刻畫出來的藍圖是政治制度與行政規劃的藍本；專精於人口的家庭暨社會結構的社會學家，影響人口政策與公共行政的決策；專攻勞工心態與勞工運動的社會學家，在勞工行政與勞工福利上，有其重要貢獻；以及組織社會學家的理論與實踐，幾乎可以視為政府各級行政組織的先知者和診治師。

柒、人類學與公共行政

【人類學從整體的觀念研究人】

人類學是研究「人」的學問，它是從整體的觀點來研究人，其研究的範圍包括「人」本身及所創造的文化，並且它研究人乃同時從其生物性與文化性雙方向而出發的。

人類學包括體質人類學（生物性）與文化人類學（文化性）。後者

又稱為民族學或社會人類學，它是對古代文化的研究，對現代各民族不同文化的研究，以及對文化某特殊部分的研究。

　　文化人類學的目的在於尋求不同民族的文化模式，其中部分文化人類學家把文化模式看作是由許多風俗習慣所形成。

　　另外有些人類學家則把文化模式看作是由許多人際關係所組成的，前者被稱為民族學家，後者則稱為社會人類學家。

【人類學的內容與方法】

　　人類學的內容包括：生物進化與文化進化、文化業績與文化整體性以及不同文化的比較。至於人類學的研究，文化人類學的方法包括「田野調查」（參與觀察與深刻訪問），與文化比較研究法。

　　人類學的成就有四：（一）種族差異問題。（二）文化模塑力。（三）奇異風俗的瞭解。（四）宗教行為的解釋：宗教具有認知功能、生存功能、整合功能。後者的知識在宗教課題的行政措施上有特別作用。

【人類學與公共行政】

　　把人類學對人類文化與社會的觀念和知識，應用於改善增進人類生活上（推行各項概念），是多方面的。比如它應用於早期英國殖民地管理，古代羅馬帝國建立歐洲各城市之傳播羅馬文化；它也一直被應用於美國印地安人的治理，促進印地安人整合於現代生活暨美國文化中；以及它被應用於邊疆或方言種族的公共行政服務之上，如中國大陸之邊疆各民族和臺灣的山地原住民之公共政策與行政事務上。

　　醫學人類學家對人類體質上之差異性，對民族性與保健習性，原始醫療行為的起源與發展，以及衛生醫療行為的社會文化面等之研究，為現代社會醫療保健政策與服務輸送體系，提供深遠而具體的貢獻。

本章參考書目

Fier, R. E. (1983). *Behavioral Science*. New York: Medical Examination Publication.

Greenwood, J. et al. (1984). *Public Administration in Britain*. London: George Allen & Unwin.

Kuper, A. et al (ed). (1985). *The Social Science Encyclopedia*. London: Routledge Paul. pp. 27-32. "Anthropology". pp. 663-671, "Psychology". pp. 799-811, "Sociology".

Luthaus, F. (1984). *Organizational Behavioral*. New York: McGraw Hill. pp. 21-41, "The Behavioral Sciences".

Merton, F. K. (1963). "The Mosoic of the Behavioral Sciences", *The Behavioral Sciences Today*, by Berelson, B. ed. New York: Basic Books. pp. 249-251.

Webber, R. A. (1969). *Culture and Management*. Homewood, I 11.: Richard D. Irwin.

李長貴: 《行爲科學》。臺北: 臺灣中華書局, 民國七十二年九月, 頁 1-2。

林胎光: 〈心理學〉。《現代美國行爲及社會科學論文集》(高希均主編)。臺北: 學生書局, 民國七十五年二月, 頁 405-475。

廖榮利: 《公務人員生涯發展》, 省訓團訓練叢書第十輯。南投中興新村: 臺灣省訓團, 民國七十四年八月。

廖榮利: 《心理衛生》。臺北: 國立編譯館主編, 千華圖書公司出

版，民國七十五年五月，頁 344-354，〈臨床心理學〉。

廖榮利：《行爲科學與人事行爲》，公訓中心教材之83。臺北：臺
　北市公務員訓練中心，民國七十五年六月。

楊懋春：《社會學》。臺北：臺灣商務印書館，民國七十五年二
　月，頁 1-3。

第二章 人羣關係與組織

壹、人羣關係與組織

一、人羣關係與行政管理

負責提供機構服務輸送之人員，其個人工作動機，員工的工作士氣，以及與社羣的關係，是一項重要的課題 (Friesen, 1987)。此種行政組織的人羣關係知能，須從熟悉人羣關係學的知識與技術，加以探討。

投入人羣服務的管理人員，對人羣關係的知識與方法，會油然而生一種親切感。因爲，它使你感受到對上對下的工作關係，有一種客觀的認識和提供行動的準則。

經驗較多的管理人員，更會將人羣關係，視爲他（她）要完成上級首長（主管）授命授權，以激勵員工工作士氣，以及達成機構共同目標，可採行的主要專業知識之一。

因此，人羣關係的知識和技藝，對於管理人員暨各級管理暨督導人員，所意味的是:

1.「人羣關係是管理人員，帶領所屬員工完成工作之知識與過程。」卽藉由人羣關係的力量，以整合員工於工作情境中，激勵員工在一種合作而有生產效能的條件之下進行其工作，使其經濟的、心理的，以及社會關係三方面的需求，均能獲得圓滿的解決 (Davis, 1985)。

2.人羣關係對管理人員來說，是「研究人在工作中之行爲」。它也研究以有效的方法，採取適切的行動，使之獲致最大的效果，其主要理由是：

①人之行爲，非但受制其個人，更受制於羣體。

②相互利益不僅提高機構工作效率，並且能滿足個人的要求。

3.人羣關係的具體意義是，研究組織中下述三種關係的學問，卽：

①機構人員的行爲與工作效果的關係。

②機構利益相互平衡的關係。

③機構員工之間和諧相處的關係。

4.積極而成功的人羣關係，能促成員工間的良好互動和團隊精神，使員工不但從工作滿足自身的慾求，同時圓滿達成組織的目標。

二、管理人員對人羣關係之確認

具體言之，人羣關係強調人性激勵和人格尊嚴，也就是把人當人看；也比較不是從經濟因素、科技觀點以及組織結構面來把員工當機器一般地用。雖然，人羣關係的運作與後面那些因素有關係，但是，前者往往顯得更爲重要。因此，藉人羣關係的講究，促成員工與工作所產生的效果關係，員工與員工的合作關係，以及企業組織與員工個人的平衡關係，已成爲今日企業管理上的「人性管理」的有效途徑。

總括言之，今天的企業組織中，擔任領導，以及管制生產或服務品質的主管人員對人羣關係宜有以下多項認識 (Bursk, 1982)。

【人羣關係之目的與功能】

・人羣關係在企業組織中的運作，旨在促使員工接受心理與經濟的酬報，同時，他們的工作願望，合作和效能的工作態度受到激勵作用。

・人羣關係的講究，有助於主管人員了解管理上許多複雜而相關的
因素，卽了解人、工作、正式與非正式組織，以及其他社會情境
皆對員工有多種層面的關係。

・人羣關係的基礎，乃建立於一些行為科學的研究發現之有效運
用，如此人的快樂、成功，以及各種個人的滿足，不僅靠工作，
而是與人的感受和尊嚴有關係。

・人羣關係原則的付諸實施，並非某特定的職責或某種活動而已。
人羣關係的功能見諸於各種活動和各層關係之上。企業活動的意
見溝通、領導、統御、督導，以及組織結構均應講究人羣關係。
員工在工作外的休閒活動與生活層面皆與人羣關係有關。

・人羣關係的探討目的在於促使人們進一步了解旁人在組織中的行
動，並增進人人有效完成其應負的使命和達成的職責，而不是只
以機械化地對他人或情境的反應。

三、依循人羣關係帶領員工的原則

有了以上的認識，企業管理人員在其平日工作上，如何自我引導和
影響員工，在其觀念和思考架構上有其依據的。並且，進一步尚須講究
一些與人羣關係原則符合的對待員工的準則。一般來說，以下是各項合
乎人羣關係之帶領員工的準則：

【帶領員工的藝術】

・主管人員要關心和同情員工在工作上或個人生活上所遭遇的困
難。

・主管人員宜經常提供員工卽時須知的訊息。

・主管人員對員工盡量避免批判態度或不必要的責難。

・主管人員允許，甚至鼓勵員工之間對決策事項參與意見。

・主管人員在不失領導者的立場之下，有意願和有能力去協助員工完成其工作。

・主管人員要能前後一致地執行其所下達的命令，並維持紀律。

・主管人員要能讓員工清楚其謀求工作進展的途徑。

・主管人員宜給予員工原則性和啟發性的督導，而儘量不是供與簡易答案。

・主管人員與員工之間保持一種理性和客觀的工作關係或日常的互動。

貳、人羣關係研究之起源與發展

一、從歐文的觀察到人羣關係之研究

（一）遠在一八〇〇年到一八二八年間，蘇格蘭的一位紡織工廠廠長歐文（Robert Owen）在工業革命之後，開始強調人羣關係，他強調的是（Carvell, 1975）：

・工廠的員工乃是機器的生命。

・員工在本質上是社會性動物。

・員工各種需求滿足，可增進工作效率。

・員工福利的重視，可提高工廠生產。

人羣關係視為一種運用科學乃是一九二〇年代開始的事。而研究人羣關係的領域包括有社會心理學、組織社會學、工業社會學、管理科學，以及文化人類社會學等。人羣關係科學（The science of human relation）的運用，愈來愈受到重視。由於工業社會中過份重視技術與經濟的因素，而忽視個人感情與存在價值，使社會成員的行動與態度流於刻板化，以致影響勞動意願與生產效率。因此，在工業社會學上研究

有關勞動條件和生產效率等方面的課題時，人羣關係的知識與技術受到重視。事實上，人羣關係不僅對企業組織中重要，並且對變遷中社會的每一單位或組織均感到需要。因為，加強人類社會組織中人性的觀念和尊重個人的尊嚴，已被許多研究或經驗證實，是啟發個人潛能，激發個人動機，以發揮團體或機構組織功能，必經的有效途徑。

二、　霍桑實驗到泰勒的觀點

　　人羣關係的科學研究，首推美國的霍桑實驗。原先美國全國人事協會在一九一八年於紐約喬治湖所舉行的首屆銀灣會議（The First Silver Bay Conference）上首倡人羣關係（Human relations）一詞。接著於一九二四年起，由美國芝加哥西方電氣公司（The Western Electric Company）和哈佛大學合作的霍桑實驗研究（The Hawthorne Studies）發現，推翻以往在管理上所作的假定，並證實了人的複雜性和肯定了人的心理因素對個人行為動力的密切關係。因而人羣關係在企業管理上的重要性被確立。這一項研究從一九二四年到一九三二年，並於一九四〇年出版的《管理與員工》（*Management and the Worker*）一書中，盧梭李伯哥（Fritz J. Roethliberger）和狄庫遜（William J. Dickson）兩位合著人，把人羣關係的學說作了有系統的整理，並受到當時工業界和行政界的重視（Corvell, 1975）。

　　在二十世紀初，科學管理運動初期，泰勒（Taylor）對人羣關係所持的觀點有：

- 人是生產過程中影響效率的主要關鍵，若要以最小的投資以獲取最大的收益，則必須促進人力的有效運用。
- 員工的生理因素或需求應受到重視，人就像機器一樣，可以用最有效的和最佳的方法，使其達到最高的生產記錄。

三、 梅郁調查到電腦科技之運用

談到人羣關係的發展，一般可以從下列幾項事實來了解。首先在一九二〇年由一位梅郁(Elton Mayo)美國社會學家，所從事之對一個非正式團體的調查工作。這項研究主要目的是針對爲了增加生產效率所關連的團體結構、團隊工作，以及參與式的領導方法加以研究。接著在第二次世界大戰結束以後，有一些心理學家把人類行爲的動機之概念，引入工商企業組織中。當時主張人的需求(如被認定的需求)若獲得適當的滿足，則員工會感到快樂，表現合作，以及提高工作效率或生產。隨後，行爲科學界對領導技巧的研究，更增長了人羣關係在工商企業界的運用。當然，發展到目前，除了人羣關係重視，同時，管理科學家們和工商企業界人士，更進一步強調電腦與科技的運用，以增進效率和提高生產。

叁、 人羣關係的觀點

企業主管們日常所關心的課題有: 員工到底從日常工作上期待事項有那些? 何者執重和何者居次? 並且企業主管人員如何能滿足員工的那些需求，並進一步促進員工的士氣和提高生產效率和成果。傳統以來的人羣關係觀點，而且最被採用最盛至於仍有些企業主管乃沿用的對員工的看法有以下各點看法:

一、X理論

麥克羅格 (McGrogor) 所提出X理論，對人類行爲的假設是傳統以來對員工行爲的看法，此種看法尚有一些公司採用。X理論對員工行爲的假設乃建立在以下的基礎之上 (Bursk, 1978):

（一）一般說來，人類都是天生不喜歡工作的。假使可能的話，他

會儘量逃避工作。

（二）因此，除非釘緊他們，嚴格控制他們，並採用懲罰來威脅他們，否則人們不會努力工作，以達成組織目標。

（三）一般說來，人們喜歡被控制，被指引，沒有太大的野心，只要工作安定就好。

在這種觀點之下，所以才會有一些企業組織主張必須界定嚴格的工作行為，也就是訂定工作標準同時要採用嚴厲的措施及苛刻的規則。雖然近年來許多公司已受到人羣關係運動的影響，對人類行為已有較緩和的看法，然而，X理論仍然是被使用的。

嚴格說來，上述的論點並未經精確的科學研究加以證實，這種理論的最根本懷疑之處，是假定員工的士氣是一種難以預估的。傳統以來的這種看法，影響了企業主管們的許多對待員工的態度，到目前為止，尚有不少企業主管們持此觀點，這種觀點經麥克萊哥（Dolas McGregor）整理所成的所謂X理論。

二、Y理論

後來，許多社會科學家的研究發現，員工的態度並不如上述的看法那樣消極或負向，因此提出一些新的觀點以供企業經營上的參考。麥氏把這種新的假設歸納成所謂Y理論。這種Y理論的基本假設是：

（一）在工作時所付出的生理及心理能量，和遊戲及休息時所付出者並沒有兩樣。

（二）外在的控制及懲罰的威脅不是達成組織目標的不二法門。假使給人們機會的話，人們會自動自發，自我控制地達到組織目標。

（三）當組織目標和個人目標一致時，一旦達成目標，能給個人帶來酬賞。

（四）在適當的狀況下，一般人均能學會負責，同時主動去擔負責任。

（五）解決組織問題所應擁有的聰明才智，想像力及創造力，並非只是少數人才有，絕大多數人均有此種能力。

（六）在現代的企業組織裏面，人們的潛力及智慧都沒有獲得充份的運用，他們只發揮一部份而已。

此種理論的主要價值乃是強調個人目標和組織目標的一致性，創造一個調適環境，在此環境之下，人們可以經由組織目標的達成，來達成個人的目標。

吾人可以從上述各項內容中體會到，這種說法乃著重積極地啟發人們的工作意願，使員工的工作與組織的目標一致，進而充分達成組織目標。更且，若能設法使員工的潛能充分發揮和自我實現，則不僅企業組織目標達成，並且社會大眾獲益增加，社會也隨之健全的發展。因此上段的人羣關係觀點，宜受到企業主管們的確認，並採行適切的經營方式和使用激勵員工的方法。

三、其他理論

與麥氏的 Y 理論有點相似，但卻比較詳細的，有史其因 (Schein) 所提出的對人類行為的看法。根據史氏的觀點，管理人員、督導人員，以及企業組織中的各級人員，對員工行為之瞭解，可以從下列四種假設中找到答案，這四種假設是：

・理性經濟人的理論。

・社會人的理論。

・自我實現人理論。

・複雜人理論。

（一）理性經濟人的理論

理性經濟人的理論對人類行爲的看法，與麥氏的 X 理論有點類似。依史氏的看法，從我們日常生活中及傳統企業組織的經驗，我們均可以發現，使用金錢及其他個別的誘因來激勵員工是十分有效的。因此，史氏所提經濟人的假設是：

1 激勵人們工作最主要的誘因，乃是經濟上的誘因。

2 事實上，人們在工作過程中，均會計算著，以獲取最大的經濟利益爲主。

3 人們的感受是非理性的，企業組織不必顧及它。

（二）社會人的理論

事實上，激勵員工的因素，除金錢之外，尚有給予工作者昇遷機會和上司的賞識。因此梅郁（Mayo）氏爲了反駁理論經濟人的假設而提出社會人的假設。根據梅氏的說法，社會人的假設是：

1 基本上，人們受到社會需求的激勵，透過和他人的交往及建立關係，人們更能肯定自己及瞭解自己。

2 由於工業革命及工作理性化的結果，工作對人們而言，已經變得毫無意義可言，因此，尋求工作時的社會關係是必要的。

3 人們對來自同儕團體的壓力，感受較爲敏銳，而對管理上的誘因及控制，則較爲遲鈍。

4 人們接近管理人員的主要原因，是管理人員能夠滿足個人的社會需求，及能爲人所接受的需求。

（三）自我實現人

後來有人發現組織生活與日常生活無法相提並論的主要原因，乃是組織生活中沒有給予員工「發揮自己能力」的機會，若要使人們在組織中感受到受激勵，則必須使員工有自我實現的機會，因此而提出自我實

現人的假設如下：

1 當個人較低層次的需求滿足了之後，個人的高層次需求成為工作動機的來源。

2 人們會尋求一種較成熟的態度去工作，同時能用這種成熟的態度去工作。

3 基本上，人們能夠自我激勵及自我控制。

4 本質上，個人的自我實現和高昂的組織生產力是不相衝突的。假使有機會的話，人們均會統合其個人目標及組織目標。

（四）複雜人

由於上述三種假設，對人性的描寫有過份簡化之嫌，並且也只有片面的些微證據的支持。因此，後來又有第四種理論的提出，這種「複雜人」的假設是：

1 人類動機是按照階層排列的，但並非一成不變，而是隨著各種因素的變化而變化的。

2 人們有學習新動機的能力。

3 隨著組織情境的不同，個人的動機也會有所差異。

4 以各種動機為基石，個人在組織中會變得更具有生產力。

5 個人在組織中是否能體會各種管理策略，並對之做反應，端視個人自己的動機狀態、能力以及工作性質而定。

肆、朝向Z理論的系統

一、超越Y理論的新發展

一種超Y理論之權變學說，乃經實驗「X」理論與「Y」理論，所得之另一種假設，其意義為：「密切配合工作、組織與人」。因此這種

學理上的假設，強調組織的適當型式，應隨著工作的性質和有關的人特殊需要來決定。其重要的原則，有如下列各項（洪良浩，民七十五）：

（一）人類懷著許多不同的需要和動機加入工作組織，但是主要的需要是去實現勝任感。

（二）勝任感每人都有，可以被不同的人用不同的方法來滿足。同時要看他個人的權力、自立、地位、成就的需要強度作用如何。

（三）當工作性質與組織型態能適合配當時，勝任感最容易滿足。

（四）當一個目標達成時，勝任感可以繼續被激勵，並引起連鎖作用，新的目標又被產生。

因為人類的行為是可以預測的，故人類的行為就可以加以控制。預測的程度一旦增加，控制的可能也就隨之變大。如此，經理們如果能夠了解人們的需要，能夠估計某一時期某一個員工的需要狀況，能夠利用適當的獎勵制度以滿足員工的需要，那麼他們對於促進員工的工作表現便遠較那些不能如此做的經理們為高（大內原、黃明堅，民七十三）。

二、 應變的策略

從上述各段的分析與檢討中，我們幾乎可以得到一種肯定的結論，那就是「天下並沒有一個理論能溝通古今和放之四海皆準的管理策略」，吾人必須正確體認各種觀點並敏銳而適切地運用於組織中不同對象和不同情境之中。

企業組織中採用策略的應變途徑，有來克特(Likert)的主張:

1 在一種執行例行化工作的組織裏面，採用「工作組織系統」的管理，卽類似X理論，應能獲致意想不到的效果。

2 在一種工作繁雜的組織裏面，採用一種「合作激勵系統」的管理，卽類似Y理論，則會帶來最大的效果。

3在工作繁雜的環境中，Y理論的管理方式可以從員工個人從工作上發揮自己，並獲得工作上的成就感。

總之，不同環境之下，宜採用不同的管理理論（如X與Y理論），方能獲得最大的效果，也就是說，管理理論的運用必須非常有彈性的，而不是一成不變的。這也就是史氏所謂的「複雜人」理論的精神所在。

三、所謂Z公司的策略

在《Z理論》一書中，著者大內原認為不論鉅型或小型組織，若無多層面的協調體系及其運作，日子久了就會退化。因此，提出一種Z型組織的看法。Z型組織強調：

1培養組織協調「人員」——而非技術——及掌握生產力的能力。

2一方面培養員工的技術，一方面也要注重創造新的結構誘因，以及新的管理哲學。

3促進員工對上級及公司的「信任心」，發揮上司對員工的敏感度，以及建立公司各層人員之間的親密與合作關係。

Z型組織尤其強調其運作步驟，包括步驟一：瞭解Z型組織與每一份子的角色，以及培養團隊內的「整體關係」等十三步驟。

伍、激勵員工的有效途徑

一、員工的基本需求

人羣關係的理論建立在員工的人類需求之上，人類的基本需求簡要地說，有生理上、安全上、社會面、自尊心，以及自我實現等五方面五層次的需求：

‧生理面的需求：生理或身體上的基本需求。

・安全的需求：生理與心理上的安全。

・社會（關係）的需求：溫情、喜愛，以及社交關係。

二、 行為產生的基本過程

在員工的管理之許多試驗中發現，平常我們可以透過激勵的手段，以導致企業組織中成員的預期行為，並維持相當程度的一致性，進而形成一種維繫組織內部的團結力量。因此，激勵的主要目的，可說就是為激發員工某種符合組織利益的行為產生。以下即行為產生的基本過程：

員工個人

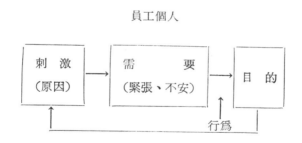

三、 激勵與需要的關係

激勵員工必須瞭解員工的需求，一般說來，員工的基本需求有其共同性，並且員工的需求往往有優先次序。因此，激勵員工不但要重視其需求，並且還要注意到各種需求的先後次序。以下即為員工需求的優先秩序。

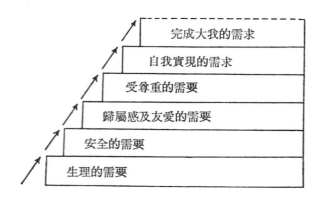

完成大我的需求

自我實現的需求

受尊重的需要

歸屬感及友愛的需要

安全的需要

生理的需要

另外，有一些研究發現在日常的工作與生活中，員工的願望有不同的層次，不過，這些層次往往因人、因事，以及當時的情況不同而有某些程度的改變。不過，大致上員工願望的層次可如下所示：

①工作安定與保障。

②良好的工作環境。

③情投意合的工作伙伴。

④開明的主管。

⑤晉升的機會。

⑥優厚的報酬。

⑦發揮才幹的機會。

⑧學習工作新機能的機會。

⑨合理的工作時間。

⑩輕鬆愉快的工作能量。

四、激勵員工的基本原則

激勵就是指藉某些刺激，以產生或增加員工的自己慾求的行為；卽

採取某些措施，使員工的慾求獲得滿足，同時，公司的目的也能達成。於是，使員工和公司雙方互利情況之下，員工有強烈的工作意願，並從工作中獲取自我實現，結果員工個人的需求與公司目標連結在一起。激勵員工有其一定的準則，始能見效，一般被視爲有效的激勵的原則有以下各項：

①激勵應了解員工的需要。

②激勵應考慮員工的個別差異。

③激勵必須衡量效益。

④激勵要有目標。

⑤激勵必須形成一種風氣。

⑥激勵必須建立在有效的溝通基礎上。

⑦激勵應注意時效。

⑧激勵應調和個人與組織的需求成一整體。

⑨激勵要強調適時開導與有效的工作指導。

本章參考書目

Beer, M. et al. (1985). Human Resourse Management: *A General Manager's Perspective*: *Text and Cases*. New York: The Free Press.

Bursk, E. C. (etc). (1982). *Human Relations for Management —The New Perspective*. New York: Harper and Row, Publishers Inc.

Carvell, F. J. (1975). *Human Relations in Business*. London:

Collier MacMillan Publishers. pp. 1-22, "Human Relations on the Job." pp. 23-50, "The development of Human Relations in Business."

Davis, K. (1985). *Human Behavior at Work*: *Human Relations and Organizational Behavior*, 5th ed. New York: McGraw-Hill Books.

Dubin, R. (1985). *Human Relation in Administration.* 5th ed. Englewood, Cliffs, N.J.: Prentice-Hall, Inc.

Ellenson, A. (1973). *Human Relations*, Englewood Cliffs, N.J.: Prentice-Hall.

Higgins, J.M. (1982). *Human Relations*: *Concepts and Skills*, New York: Randon House.

Russell, G.H. (1972). *Human Behavior in Bussiness*, Englewood Cliff, N.J.: Prentice-Hall.

Sanfort, A.C. (1973). *Human Relations*: *Theory & Practice.* Ohio: Charles E. Merrill Co. pp. 15-21, "Improving Human Relation Practice." pp. 125-137, "The Nature of Human Relations Theory."

大內原著，黃明堅譯:《Z理論》。臺北: 長河出版社，七十三年一月。頁83-108，〈Z型組織〉。

洪良浩主編:《企業管理百科全書》（上）（下）。臺北: 哈佛企業管理中心，民國七十五年二月。 頁 129-131，〈組織的新理論〉。

陳正雄:《人羣關係學》。臺北: 幼獅文化公司，民國七十年二月。

姜占魁：《人羣關係》。臺北：正中文化圖書公司，民國七十五年九月。

蘇伯顯：《人羣關係》。臺北；三民書局，民國七十五年十二月。

廖榮利：《公務人員生涯發展》——公務人員訓練叢書第十輯。南投：中興新村，民國七十四年八月。頁 57-78，〈人羣關係的理念與實踐〉。

第三章　專業人員與科層體系

壹、科層體系中的專業人員

一、專業人員與科層體系

專業人員向來在四類情境中執行其業務：1.個別私人開業，如私人開業醫師的診所；2.自主性的專業組織，如律師的法律事務所或醫療人員為主的醫院；3.他律性的專業組織，例如圖書館、軍事機構等是；及4.大型組織中的專業部門，雇用工程師、會計師的大型公司或工廠；或研究發展部門等（張苙雲，民七十五；Hellriegel, 1983）。

專業人員若投入上述三、四類型的工作環境，即受雇於他律性專業組織或大型組織的專業部門，那麼他的執行業務是在一種科層組織的行政體系中，並且必須受到此種組織的控制。因此，科技人員本身對其在科層體系中情況的認識，會有助於其整合於組織中以順利運作其業務並達成組織的目標。

二、科層制的觀念型態

科層制（bureaucracy），又稱官僚制、分部制，以及分責制。此種制度是指機構內分別負有專責處理事務的行政體系。實施此種制度的行政體制，其特點在於行政機關內各等級的單位負責人，有其固定的職務，有其劃分的權限，有其例行公事的一定程序，以及有其對上和對下

所負責任的範圍。換言之，它是機構內一種刻板化的行政組織。

現代社會裏的大規模組織，如政府的公共行政體系，公私營工廠和公司組織、大學、工會以及教會等，幾乎普遍有此種科層制的存在。科層制下的處理事務方式，通常給人的印象是：刻板化、乏彈性、按部就班、專業化，一切須照規定辦理，其終極目標是：提高機構的行政效率和達成組織的目標。

科層制的觀念是由德國社會學家韋伯（Max Weber）首創，後來受到其他歐美社會學家的重視，他們並對韋伯的科層理論加以修正和補充，成為人類社會常用之機構組織理想模式。科層組織的原有觀念型態有（Blau, 1955）：

1.機構各單位有其固定的職務分配，每一科員所擔任的工作，乃依據一種嚴格的分工制度，而受僱之科員須具備熟練的專門技術。

2.機構內科員的地位，是依照等級劃分清楚的。下層科員對上層主管負責，並服從上層的命令和受到上層的監督。同時，上層對其所屬的工作指示與監督，不能超過規定職責的範圍。

3.機構內各級人員對事務的處理，一切要按法規所定之條文範圍引用，不得滲入個人因素，如此辦事旨在維持統一的標準。

4.機構內各級人員要持理性的、客觀的、法制化以及負責任地去處理公務，並且要免除個人感情和意氣用事於處理公務之上，更不可加入個人的成見於公務運作中。

5.機構所需人才之任用，須依據專門技術所頒發之學歷、證明以及合格證書招募與任用，並且對所任用之人員不得任意解僱，其升等須按其個人工作成就。機構人事管理之宗旨宜在於鼓勵與啟發各級人員對機構運作之維持和對本身工作動機之提昇為前提。

6.機構使用科層制之主要目標，旨在使行政組織工作效率之增進。

其假設是：現代社會中大規模的組織，若是不採行科層制，必然會使得整體機構條理不明和雜亂無章。因此，科層制是現代正式組織的理想行政體系。

科層體制有利也有弊，在利方面，它的效率高、正確、控制、迅速、專家控制、連續、愼重、協調以及免除私人情感。在弊的方面，它太形式化、刻板化、缺乏個人創作以及過於繁雜遲緩。

三、科層體系的運作規範

現代社會中大多數的正式組織，均以一種特殊方式被建構起來，卽依循上述科層制的觀念類型刻畫出其行政體系。此種體系之所以能在現代社會中盛行，乃是由於它已被認爲是比任何其他人類所創的次級團體性的社會結構型式，更能有效地運作之故。此種行政體系有其常使用的運作規範（Compton, 1975; Neugehoren, 1985)，或可稱爲科層體系的運作規範。這些規範包括：

1. 在機構中，受僱者有個人自由，他只須服從工作上的職責的權威。

2. 在機構內，受僱者被組成一個具有清楚範定的職位和職責的階層體系（hierachy）。

3. 在任何工作單位裏，每一個職位和職責都有其一定的和清楚範定的資格範圍。

4. 組織中的個人，在他的職位上工作乃基於一種自由的契約關係。也就是每一個人對於是否接受該職位及其條件，本身可以做一種自由的選擇。

5. 科層體系中職位的應徵者，乃依其技術上或學術上的資格而被選擇。最理性的情形是用考試來測驗，或要求能證明受過技術性或學術性

訓練的文憑，或者兩方面合併進行。如此他們是被任命的，而非選舉產生的。

6.科層體系中的受僱者，有接受固定薪資的酬勞的權利，而大多數的情形亦可在服務相當年資以後領取退休金或其他有關給付。他們的薪水等級主要是依據在階層體系中的階級而定。

7.科層體系中受僱者的職位，被視爲（或至少主要爲）職業上所負之責任。

8.機構組織中的階層構成一種職業生涯，並且有一套依據年資或成就（或者兩者）的「升遷」系統，其升遷的決定乃在於上司的評價。

9.科層體系中負責職務的工作人員與所經營資產的所有權人是分開的。

10.科層體系下的每一位員工均要服從嚴格的和有系統的紀律，而且要接受在辦公時間中管理上的控制。

科層制的創始人韋伯（Weber）曾說過：像羅馬天主教派，現代的軍隊，大規模的資本主義企業，某些的大型慈善組織，以及許多其他類型的私人企業等，都可說是科層組織理想上或重要的表現。

如果要組織任何一大羣人去做任何大型的任務，科層組織通常是在實證上被證實是一種最有效率的方式；只是在其本質中蘊含某些反功能（dysfunction）的特質，而且這一些可能嚴重地影響到它的運作。此一負面特質對機構中的一般行政人員的影響雖然會有，但似乎不像其對專業人之影響那麼大。因此，科層體系的運作規劃有專業人員的控制，宜採什麼方式和何種程度，乃是組織社會學上的一個論題。

貳、科層組織與專業組織之比較

科層組織和專門人員爲主體的組織，應視爲同一形式抑或相對的形

式，是一件值得探究的課題。有些社會學者把兩者視爲相對的形式，持此觀點者認爲：「科層組織最顯著的特徵就是在於使用規則，以嚴密監督組織成員之行爲。這種特徵正是以專業人員爲主體的組織所不適合的」（張苙雲，民國七十五年）。

從文獻中可發現，當年韋伯自己並沒有將科層組織和專業組織加以區分，但後來有些科層制研究者推論，韋氏也會認爲這兩種組織，都是以技術性爲本的一種行政組織，其差別僅在於對規則章程的依賴程度不同而已。因此，科層體系的運作規範對一般行政人員也好，或對專門技術人員也好，也都有其必要性和正性功能。只是對於後者的控制程度應比前者要來得少且具有彈性；同時講究專業人員專業行爲之應變能力和整合於行政體系之意願與努力。

至於科層組織和專業組織的區分，皮樂歐（Perrow, 1972）在其《複雜的組織》(*Complex Organization*) 一書中曾有以下的陳述：

· 組織的專業技術越少，就越需要直接管理，控制就會越直接了當；反之，當專業技術十分複雜且難以規劃掌握時，控制就比較不明顯，其上上策就是直接的僱用專業人員，當然雇請專業人員在費用上並不便宜，但至少專業人員已經受過訓練，已經被社會化，以致幾乎可以不需要太明顯的控制，卽可達成組織所交付的任務，整體而言，仍是划算的。

· 專業人員雖以組織的標準而言是未受過就職訓練，但是他們有能力做好每一件事，除了他們不該做的事以外。以目前的狀況而言，專業人員至少不會扭曲組織的目標，他也不至於誤解組織對他的要求，明白在何種情況之下，需要發揮其專業技能（張苙雲，民七十五；Perrow, 1972）。

從上述的比較分析中，讓我們不難聯想到以下的重要論點：首先，

以高度專業化的專業來說，其與科層組織的差異性和免受科層體系運作規範之控制程度之相對減少，似乎是可以理解和支持的；但是同一專業羣體中不同個別專業人員之自律性強弱之存在事實，似乎仍須有一標準化科層體系運作規範之控制，儘管此規範可能帶給部分（或大部分）自律性高的專業人員之不便。

其次，對於在當地社會文化背景下乏專業化的某些專業而言，其從業人員的成熟性和自律性，僅在某種層次且尚待充實狀態時，似乎更須要靠科層組織的控制，始能確保機構的生產力與正功能；但是，其控制的程度應如何，才能不失對該專業自律性和自主性產生鼓勵、支持，以及強化作用，也是值得正視的課題。

叁、專業人員對科層體系之反應

一般言之，科技暨專業人員對科層體系之反應，要比一般行政人員（bureaucrant）來得強烈不悅和抵制。事實上，一般行政工作人員與專業人員不同，他須在一種職位的階層體系之督導下，執行特定和例行的職務。他的忠誠和職業生涯與他所屬的組織是有密切關係的。因此，如果要求專業人員如一般行政人員一般地執行職務，自然會產生牴觸情形的。因此，我們可以深切體認到機構中行政與專業人員間差異和待協調的關鍵所在（廖榮利，民七十五）。

在科層制的益處之有效、可靠、正確以及公平的背後，許多學者認知到其缺陷有：保守、遲緩、過份干涉、官樣文章、過份重視例行公事以及有限的調適能力等。他們甚至發現，機構原是執行政策的一個工具和組織，卻會演變為以它本身為目的。利他主義者希望幫助別人，民眾需要被幫助，服務機構也要建立起兩者溝通的管道，但卻往往附隨機構本身的需要，這些需要可能導致較重視技術和方法，以及機構的例行公

事和記錄等，而比較忽略了人爲本位和服務至上的眞諦。這些對於懷著人文主義精神和專業倫理與藝術的科技暨專業人員，無時不在接受挑戰，他要如何化悲憤爲力量，卻有待團體與個人的努力了。

　　一位非常不快樂的專業人員，在受到他的督導許多負面的評價之後，往往會有類似下述的感受和反應：專業工作的神聖使命和專業人員的信念，幾乎已被瓜分爲三部分，卽：

　　・第一部分：被階級組織所佔據。這可以說明，爲什麼專業工作領域常易有不穩定的現象。

　　・第二部分：被督導者所佔據。這可以說明，爲什麼許多有能力的人，都無法再工作於那些需要協助的人，他們必須去參加繁多的會議。

　　・第三部分：被改革者所佔據。他們認爲一般人都會樂意去從事社會改革。

　　但是，如果那位工作者能比較冷靜、理智一點，他可能也會發現社會上，依然存在著數以千計的努力工作和有奉獻精神的人，在不利的環境下，爲世界上不幸的和不快樂的人們服務，以增進人類的福祉。

　　實務的專業工作者，也許曾遭遇過如此一個嚴苛的事實，卽他所判斷出理想的達到專業服務的目標，與機構可能給予的資源和評量之間的衝突。尤其，對一些社會職責感深的專業工作者來說，通常會因許多不可避免要在其服務對象之專業需求和機構或社會所能提供的資源提供取得協調，而感到沮喪和不滿。也許有些挫折是可以避免的。專業工作者也可以積極地試著去改變機構功能，如果他能先去確認到他必須在科層體制的運作軌道上提供專業的服務的話。事實上，任何一種專業從其專業化開始時，就是大多在科層體系下的一種專業，而且也同時以專業人員和科層人員雙層的身分任用。因此，當專業工作嘗試統整科層體系和

專業的規範時，似乎不宜總是以為一個專業和一個科層體系之間蘊含著許多基本上就有相反的規範。

當一位勇敢的專業人員想努力去改變科層結構時，他所遭遇到的一個主要問題是，無法確實認知非營利和營利組織的差別。因此，以下的認知是有用的：金錢收益是私人企業的警報系統；例如，當一個名牌汽車的銷售量降低時，該公司遲早要採取必要的反應措施。然而，在非營利的組織中，生產力和收益之間的關係是間接的。如此一來，促使改變的警報系統產生了嚴重的瑕疵。因此，專業人員和行政人員大都以工作者所花的努力來評價，而較不以努力的成功與否來評價。這是一般行政與專業都差不多的。但是，進一步分析可以發現，如果沒有一個有效的評估系統，機構將無法解決他們的問題，且行政系統也不須認真地去考慮低水準工作人員的觀念，因為既然無法明確地判別出來，又如何能予以適當的處罰呢？

在機構評價研究上，我們強調評價研究對專業服務的重要性。然而，這是所有專業長久存在的一個課題，其論點包括有：誰來評價專業人員，以什麼標準來評鑑專業人員所做的工作。這些主題的一個例子是，假如醫生抵制某些類型的公共扶助健康照顧，若要使醫生持續地作業下去，則必須讓他們自己，或他所挑選的同事組成的評鑑小組，才能評判他的工作。這或許可解釋：為什麼會有不當醫療上的訴訟持續的增加之原因，當治療的結果是失敗時，病人也就無法滿意地接受專業人員的判斷，即對治療過程是正確無誤的目標也難以達成。

在科層體系中，也存在著誰來評價工作的效果的問題：是由工作者，督導者，行政人員，委員會或公眾等中何者比較適切呢？一般認為使用一種共同擬定的目標，可能是一個適當的指標，而該目標應是由服務受益人與專業人員一起來決定，而不是由機構來決定。這似乎是一項

比較明智的辦法。

　　另一項值得專業人員正視的課題有：科層體系的中心原則是：將工作專門化和標準化，以及依據整體計畫合理地設定或分派這些工作。總體工作被分成部分工作，以做爲達成總體目標的工具。這一個概念須立基於兩個前提：第一是，對於機構組織欲邁向的終極目標，要有明確的、一致的、完全的，和大家同意的定義。第二是，這些目標可以用標準化的方法來獲得。當機構要範定其功能時，它通常會用概括性的用語來描述其所欲追求的目標，儘管它是很難被測量出所要達成的程度。

　　在許多對大眾的服務方案來說，我們似乎不太可能有標準化的方法來運用；我們似乎不能以「如果這樣做，就一定會帶來那樣結果」的邏輯定律，運用於人羣服務中，這是因爲在獨特的個人系統的情境中存在著太多的變數。一種專業工作乃是運用其原則與方法，來協助解決獨立的服務對象和專業判斷所決定的問題；而不是運用標準化的程序來解決一些科層體系的權威所預先設立的目標的。

　　另外一個科層結構和專業人員的衝突，是權威取向的問題。專業人員常認爲權威應存在於專業性能力（或專業知識權）上的層次，而科層人員視權威乃存在於其所擁有的職位和職權。在對工作的取向上也有其重要的差異，專業人員的服務以服務受益人的最佳利益爲導向，而一般行政人員則往往以機構的最佳利益爲其工作的導向。

　　專業人員通常認同於其專業層次的同事，他也從其專業的層次中獲得專業的認可；而一般行政人員通常認同於他在階層體系中所處的社會地位。在運用職權的方法上也有不同的取向：專業人員的準則是以自由互動取向的方式來影響其工作和其周圍的人；而行政體系的準則是較強迫傾向，可能使用制裁的方法。

肆、專業人員之整合於科層體系

一、性格特質與整合行為

從上一節的比較分析中，我們不難看出某些行政規範宜避免對專業人員的自主性和創造性之限制；更不宜以純對行政人員管理方式，以阻礙科技暨專業工作的專業判斷與專業運作。同時，投入科層體系中的專業人員亦應試著將個人整合於工作單位中，遵守必要的標準化行政規範，並善於運用組織中溝通路徑，以期調適專業與行政間的差距和衝突。

個人性格特質對整合行政體系也有其作用（陳德禹，民七十四）；個人心理防衛型態對科層體系適應動力有其互動性（廖榮利，民七十六）。因此，科層體系中的科技暨專業人員，宜講究自我修養和發展（廖榮利，民七十六），建立一種以客觀態度、應變能力、自律自發、溝通磋商，以及團隊取向的處事方向。尤要以摩根（Morgan）所謂的，專業型科層人員（specialist bureaucrat），有興趣和善長於調和「科層體系對人，和人對科層體系」兩方面的關係，其次才是功能型和服務型，卻萬萬不可以行政型和職業型自貶。

所幸，訓練有素、富有專業倫理意識的科技暨專業人員，應不負機構的付託，為大眾福祉奉獻，真正為營生、展才，以實現社會責任之專業人員。

二、科層人員之類型及其整合行為

根據理論，在科層體制的機構中角色概念有五種理想類型。這五種類型分別是：功能型、服務型、專家型、行政型以及職業型。摩根的研

究結果摘要如下面各段的說明(Morgan, 1982)。

（一）功能型的科層人員

功能型科層人員 (functional bureaucrat) 是一個「湊巧在機構工作」的公務人員；他往往要尋找機構內和機構外的專業同儕團體的互動和認可。像這樣的人員，由於他們的技巧和好的判斷與技術上的效率，也通常提供一種服務的類型。

這種類型的人員常被機構認為是具有高度效率的人。其結果是，機構若要保有如此勝任的公務人員，通常要不去注意某些違反機構準則的情形。

（二）服務型的科層人員

服務型科層人員 (service bureaucrat)，是指採取服務民眾取向的公務人員，但他也能體認到他是科層體制中的一份子；他能整合於「科層團體中，而還能維持與職業同儕團體的連繫」。

此型的人在他對機構的認同與他認為達成其工作目標的最好方法之間，他會感到很難兼顧。不過他仍是個案主獲得幫助的來源，而不是與案主對立的。

（三）專家型的科層人員

專家型科層人員 (specialist bureaucrat) 應該是公務職業羣中佔最多數的人員。這種工作者，相當有興趣去調和「科層體制對人和人對科層體制」兩方面的關係。

此種工作者中的專家型科層人員會運用機構的原則和規定來引導他的職業判斷；除了認知到機構指令的必要性外，他會確認到不可能以特定的原則和規定來包含所有複雜的人類情境。他常會認為機構乃授權他去做職業判斷以同時維護機構和案主兩者的權益。

此型的工作者會體認到，機構是一個科層體制，自然會含此一人類

組織類型所可能有的失功能的特質。不過當科層體制準則干擾到他的專業功能時，他通常會有專業勇氣去犧牲那些準則。他可以成功地透過深一層的瞭解和專業的判斷，以調適在理論上很難調和的社會工作實施和機構準則。事實上，他也可能視這種持續變動的調適是專業生涯中的要素之一，而勇於面對和精於調整之。

（四）行政型的科層人員

行政型科層人員 (executive bureaucrat)好像是在「處理人、錢以及物品」一樣近乎刻板。當功能型科層人員是專業取向，服務型科層人員是服務取向，專家型科層人員是兼顧專業和科層體制之際，行政型科層人員卻主要傾向於職權的運用。

不過行政科層人員也可能是一種改革者，他並不認為自己受到原則和規定嚴格執行的束縛；事實上，他們可能是膽大的科層體制挑戰者和冒險者。但是他們通常不欣賞他們的屬下有改革的想法；他們傾向於要別人遵循科層體制的規範，以維持一個有紀律的機構罷了。

（五）職業型的科層人員

職業型的科層人員 (job bureaucrat)，是將其職業生涯投入科層機構中的工作人員，他注意力的焦點常在保障他自己的職業，所以他會一絲不苟地執行規定，並堅守機構的規範。

一位有效率的職業型科層人員，可以做好監督或行政上的工作。當他執行於機構的政策同時，他也會瞭解到在其部門的其他職業的人員有不同的工作取向。在他密集式督導的同時，他也能以較彈性的方式允許屬下的工作人員用適當的方法來完成其服務的事項。

另外，一位比較無效率的職業型科層人員，他會過份嚴格地遵循規則和規範。指令的產生原是為完成某一任務，其結果卻演變成為以指令本身為目標，至於其工作上的任務，甚至於機構本身的任務，倒反而變

成次要的考慮了。

　　對上述五種類型的科層人員之本質與特性的認識，每一公務人員在科層體制中，宜經常客觀地評量自己，也經常對個別同仁有充分的認識和有效的接觸。在機構的人力發展方案中，更須講究此五種類型的塑造與修正途徑。

　　從運作面來看，在現實生活中恐怕沒有人可以真正地被劃分到以上分類中的任何一種類型。不過，從經驗中可以發現，服務型和專家型的科層人員應該代表絕大多數的情形。任何一位接受機構服務且會善於運用機構資源的公務人員，不管他們對機構有多大的不滿意，不可能不顧到機構的政策和程序而自由地工作的。

本章參考書目

Goodsell, Charles T. (1983). *The Case for Bureaucracy: A Public Administration Polemnic.* Chatham, N. J.: Chatham House.

Gilbert, N. (1983). *Capitalism and the Welfare State.* New Haven, Conn.: Yale University Press.

Hasenfeld, Y. (1983). *Human Service Organizations.* Englewood Cliffs, N. J.: Prentice-Hall.

Hage, J. (1980). *Theories of Organizations.* New York: John Wiley & Sons.

Hall, R. (1982). *Organization: Structure and Process* (rev. ed.) Englewood Cliffs, N. J.: Prentice-Hall.

Hage, J. & Aiken, M. (1969). *Social Change in Complex*

Organizations. New York: Random House.

Hall, R. H. (1968). "Professionalization and Bureaucraticization." *American Sociological Review*. 33(1), 92-104.

Hershey, P. & Blanchard, K. H. (1977). *Management of Organizational Behavior*: *Utilizing Human Resources* (3rd ed.) Englewood Cliffs, N. J.: Prentice-Hall.

Howell, W. C. (1976). *Essentials of Industrial and Organizational Psychology*. Homewood, Ill.: Dorsey Press.

Lawrence, P. & Lorsch, J. (1967). *Organizations and Environment Managing Differentiation and Integration*, Cambridge, Mass.: Harvard University Press.

Levinson, H. (1981). *The Executive*, Cambridge, Mass.: Harvard University Press.

Lewis, H. (1977). "The Future Role of the Social Service Administrator." *Social Work*. 1(2), 115-122.

Katz, D. & Kahn, R. L. (1978). *The Social Psychology of Organizations* (2nd ed.). New York: John Wiley & Sons.

張苙雲: 《組織社會學》。臺北: 三民書局, 民國七十六年。

廖榮利: 〈科技人員與科層體制之整合〉, 《人事月刊》。臺北: 行政院人事行政局, 民國七十七年。

第四章　領　　導

壹、面對臺灣青年之領導需求

一、面對臺灣青年之領導需求

今日臺灣公私立組織之管理上，頗費心思之一項課題，恐怕要算是如何瞭解年輕員工之價值觀和領導觀，並如何有效引導員工整合於組織日常的營運之上。

有一項研究發現正好可提供管理人員參考。那就是「青年領導概念及領導能力調查研究」（鄭心雄、周震歐、廖榮利，民七十五）。在這一項研究中，本書作者等人，試圖從青年學生收集問卷所需題庫，以測試大專青年對領導的看法，以供教育及公私立機構人士之參考。

在對來自十八所文武大專青年學生共計一萬名，所作的問卷調查研究中發現：大專青年學生的領導需求，認為領導者應具有與所領導的團體相關之專業知識。由此可見，專業領導在青年心目中之重要性。事實上，經濟發展、工商繁榮的臺灣社會，青年領導需求確須受到重視。

二、當前臺灣大專青年之領導觀

在上述研究中發現，當前臺灣社會中大專青年學生，對領導有許多積極而有新穎性的看法。這說明了他們畢業投入社會，包括公私立機構組織中，參與生產與服務業之行列，有他們對領導的既成觀念。管理人

員若能正視他們此一方面的看法和需求，必能有所助益。

【臺灣青年之領導觀】

在一項「青年領導概念及領導能力」的調查研究中，本書作者與其他兩位共同研究人，曾發現我們的大專青年對民主方式的領導持相當肯切的認知和高度的偏好。這種發現意味着，我們這些年來在臺灣的教育制度之下和社會民主化過程中，年青一代的積極領導之態度。

同時，它也給我們另外一個啟示，那就是對各機構組織中，新進大專畢業的員工之領導，必須進一步講究，才能有效地去啟發他們的潛能，以發展自我實現，貢獻他們所服務的機構，以及對整個國家社會的認同與奉獻。

這一項研究為期一年，對全國十八所大專文武學校之在校青年一萬名，加以調查並經統計分析整編成《青年領導概念及領導能力調查研究》一書，由臺北幼獅公司發行已有三版之多。

這項研究的特色有三：首先，它是由大專青年中收集題庫，以作為問卷的主要依據。其次，其編定問卷、資料、分析、撰寫報告均由三位研究人（即共同著作人）以心理、政治、社會三種科際領域，整合其觀點於研究中。以及，它是以曾參與「青年自強活動」者與未曾參加者比較分析。

以下摘錄數段以供本書讀者窺探我們大專青年對領導的基本態度：

1 我們的大專青年對「領導」的共同看法有：

- 領導是一種藝術，領導是透過組織以達成團體的共同目標。它是做決定或督導決定的執行，它是促進成員間的分工合作、溝通與互動。

  但是，他們認為領導並不是藉由指揮他人來滿足個人的支配慾。

- 領導者應視領導就是貢獻自己的才能，促進團體成員對團體的向

心力，犧牲小我，完成大我，更要在領導的過程中，尊重團體人員的人格，且能設身處地的爲他人着想，表示出接納、選擇，以及統合的能力。

但是，他們反對領導者過份使用權力和權威的傾向。

· 被領導者應了解被領導就是協助合作，他必須善盡個人對團體的職責，他也必須尊重領導者的職責及地位。但是，被領導者可以監督領導者。同時，他們也認爲「被領導者」可以從領導的過程中，學習領導方式，而被領導者接受領導，會產生對領導之心理上的信賴。

2 又，我們的大專青年對「領導行爲」的期待：

· 領導的需求：

他們認爲：領導是無時無刻不存在的，三個人以上的團體就需要領導，而團體生活本身，就需要領導。眾人感覺有問題存在時，爲決定如何應付問題，達到共同目標，就需要領導。尤其，在動盪不安的情況之下，零亂散漫之際或團體成員愈多時，爲維持團體秩序達成任務，就需要領導。

· 領導的方式：

理想的領導方式必須是積極的、發展的、有目的的。並且，其方式是民主的、合作的，以及開放的；它必須有良好的批評與建議，促使個人善盡團體的職責，分層負責，講求系統、組織，有效督導與相互鼓勵。

並且，它要在友善的氣氛中共同協商，不是濫用權威或獨裁的方式。

· 領導的效果：

領導的效果，不但能發揮團隊精神及團體功能，更能溝通團體意

見，達到團體目標。並且，領導的效果，會表現在對危機的適當
應變中，使發揮組織的總體力量。它更能充份利用人力資源，使
團體成員產生安全感、認同感。然後，各盡所能，各取所需，在
和諧的團體氣氛中，達到自我認識、自我訓練，以及自我實現的
效果，以促進羣體的發展和貢獻社會。

談到青年的領導需求、領導方式以及領導效果，我們一方面提倡如
何藉高度組織與有效領導，把青年人個人的需求與社會團體的目標結合
為一。同時，我們也須注重，對青年培養良好的被領導的意願，以及培
養青年的領導概念與能力。

如此做始能為可預見的五年十年內，社會各界所需求的領導人才，
包括公私立機構組織中所需的各級幹部儲備人才。

貳、現代社會的領導觀

一、現代社會中領導新涵意

在《領導教科書》一書中，作者史托笛爾(Stogdill, 1979) 曾將領
導的定義列述十項，以說明在各種場合領導之不同涵意。

從下述十項領導定義之體認，管理者可以發現：其中那些較適合自
己的角色；那些較受重視或忽略；以及那些是個別管理人員比較需要進
一步充實或改善的。如此才能有效帶領員工，以充分達成機構的營運目
標。

【領導的定義】

· 視領導為一種「團體程序」：
把領導當作是帶領團體行動，使團體活動，以及促進團體程序之
現象。

- 視領導為某人之「性格特質」及其影響力：

  此種看法認為：有一些人較具能力於領導的實施，並對他人具有影響力。

- 視領導為化悲憤為力量之「藝術」：

  視領導為人的某種力量，它不但能減低人們的不滿與挫折到最低限度，並且，它能促成人們的合作與發揮力量到最高的程度。

- 視領導為對他人所作的「影響」力量：

  此種看法認為：在有效的領導之下，被領導者的態度和行為，會產生改變之作用。

- 視領導為一種「行動」或「行為」：

  此一觀點主張，藉由領導以引導團體活動的進行和使團體成員產生預期的行動表現。

- 視領導為「說服」他人的知能：

  以說服、鼓舞，以及感召他人，而非單靠對他人的命令、威脅，以及高壓手段。

- 視領導為「權力關係」狀態：

  此種觀點認為，領導旨在使團體成員之間權力關係的區分與作用，並進而激發團體士氣和滿足成員個人需求與行為發展。

- 視領導為促成團體「互動的結果」：

  領導會帶給團體之間的互動，並朝向共同目標合力推進，或共同謀求新目標或改變。

- 視領導為團體中不同「角色」的扮演：

  領導是在組織關係中扮演其角色，使領導者與成員間互惠性的期待得以達成。因此，領導過程中，角色可維繫團體成員間之關係。

· 視領導為組織力量的「啟發」作用：

領導是一種活躍力量，它是組織的程序，也是維持組織中各種角色的一種力量。

現代社會中的上述各種領導的概念，應能激發我們對社會（團體）組織的一些體認，包括：

· 現代社會中各種社會（團體）組織中領導的需求如何？

· 不同型態與功能的團體中領導的性質之差異性如何？

· 在各種機構團體中，領導應有的功能和領導者的職責如何？

· 在社會民主化的發展過程中，社會領導人才的儲備訓練應如何？

· 自由經濟型態之下公私機構組織中，各級領導幹部對領導概念的確認和知能的培養應如何？

二、人類早年的領導觀

【古今領導有別】

在早年的人類社會中，人們常把「領導」一詞與「領袖」當作同義字。他們往往把領袖視為國王或酋長一般高尚與神聖之人物。並且，傳統社會中，人們視領導為一種超人能力所表現的行為，和展示權力和權威的現象。

上述的觀念，在現代社會中已有很大的改變。事實上，領導已被當作是社會上普遍的需求，各種團體組織中的領導者，視領導為他對團體功能和個人在團體中的需求匯合為一，他是帶領個人整合於團體共同目標之職責者。因此，領導是我們共同應關切和探討的課題。

【古代領導觀】

領袖一詞，首見於一九三三年版的英國《牛津英文字典》。根據該字典的記載，領袖（或領導者）(The leader) 一詞，在英語系社會中，自

從一三〇〇年卽已有人使用。當年所指的領袖，常指對社會大眾的統治者而言。

　　直到一八〇〇年起，領導（leadership）一詞才見於西方社會中。早年人類社會中，以益格魯薩克遜承襲(Anglo-Saxon Heritage)體系中，對領袖與領導之使用最爲普遍（Barbara, 1984）。

　　上述傳統以來的領導觀念，對現代人仍有其影響。管理人員如何調適傳統領導作風的上司，並且自身如何有效展現現代青年領導主管人員之新作風，以有效整合員工於組織暨工作環境中，是值得自我審度和自我發揮之課題。

【現代領導人才】

　　在現代工業社會中，由於組織（或結構）的多元化和複雜性，形成政治、社會以及工商企業界，需要任用爲數眾多的技術精深與層次較高的領導人員。

　　爲了因應此項新需求，各學術界及研究訓練機構中，紛紛設立領導人員之訓練單位或方案，以儲備及訓練公共行政、專業服務，以及企業管理等方面的領導人才。

　　這些年來我們在臺灣，各機構的在職訓練課程紛紛開授人羣關係、領導統御，以及意見交流等方面的專業課程。足見，專業領導人力之領導知能傳授，已普遍受到重視。

叁、領導的理論與研究

一、領導的理論架構

（一）領導的不同涵意

領導，可以從各種領域來探討其意義與重要性。

・從社會學的觀點來說，領導是指：「在社會團體生活中，所行使的權力和影響力」。

・從政治學的觀點來論，領導是：「行政首長的權力」。

・從心理學的角度來看，領導是指：「一個人或少數人對大多數人所加之影響」。

不論那一種觀點的領導，均有其共同之處，那就是領導的實際表現在於：

(1)領導者的人格與能力特質，對團體功能與目標，所產生的影響作用。

(2)被領導者於被領導過程中，所表現出來的能力、性格特質，以及真實才幹。

(3)領導者與被領導者之間，所形成之一種領導情境，以及在團體成員的互動中，所面對的一些職責表現與達成。

上述這些變項的相互作用及其所形成之每一項的引申作用，卽產生領導者影響力的本質和領導行為之特性。

(二)領導的源起與發展

從人類歷史上來探討，可以發現的一項事實是：領導觀念乃起源於宗教。早年的宗教運動中，信徒都是追隨着他們的宗教領袖之領導，如摩西、耶穌、墨罕默德等，當時均為偉大的領導者。尤其，在初民時代的社會組織中，領導者本身及其特殊地位，都具有統治的權力。

但是，自從十八世紀民主革命以來，法律上規定統治的權力屬於領導者的職位，而不屬於其本身。因此，領導的概念，由個人的性質變為領導者之間的相互關係。同時，現代社會關係日趨複雜，領導者逐漸由個人領導行為變為集體的領導行為 (Chapman, 1984)。

(三)領導理論的建構

領導的理論，主要的有社會計量理論（sociometry theory）、一般互動理論（general interaction theory）、費德拉偶發理論（Fidler's contingency theory），以及行政領導理論（executive leadership theory）。

費德拉的研究發現，領導是在一個環境的處置之下的有效團體成就。其中，一種協調人際關係為取向的領導着重於尊重人的價值，結果團體士氣和生產效能均佳。

相反地，一種以達成職責為主要取向之領導，團體及組成團體之成員形成為工具性的成份，其結果顯示，雖有高度的生產效力，但有團體士氣不協調之現象和成員欠缺創造性。

社會計量理論強調評價性的關係，即認為領導之構成要素，是使一個人滿足需要的途徑。

事實上，領導可以說是來自人類的一種機動和慾求。一般互動理論對領導所持的觀點是：

· 團體是為了滿足個人的需求而存在，同時透過個人與他人間的互動，以實現團體的需求。

· 團體中各角色的差異性，包括複雜性的所謂領導，乃是團體運作的一部份，並藉此以達成團體的目標和滿足個人的需求。

· 領導是一種理念，用來評價兩個或兩個以上的人，在彼此互動中控制與導向之行動。

· 評定團體中的互動，乃是對需求滿足和感情依賴之統合與括化作用。

二、對領導型態之研究

最有名的實驗性團體領導之研究，要算是一九三〇年美國愛荷華大

學，對十歲少年團體的研究。該研究乃以受過領導行為專業研究之成年人，分別以專制、民主以及放任等三種方式，去領導少年的團體從事團體活動。

後來經過詳細的觀察、訪問以及會談，得到以下的結論：

1 放任性的領導之下，團體成員之效率較低；並且，他們並沒有民主式領導下之團體成員那樣喜愛團體的活動。

他們完成較少工作，並且，其工作品質比民主式領導之下的團體成員所作的為差。

比起民主式和專制式的、放任式之領導之下，團體成員比較傾向於在團體中無目標的現象，而置團體事務於不顧。

2 從工作的效能和社會滿足程度來看。民主式的領導之下，所發揮的功效，遠勝過放任的與專制的。

雖然專制之下和民主之下所完成的工作成效差不多；但是，民主式領導之下，團體成員更為享受工作上的樂趣。

3 當領導者暫時離開工作場所時，民主式下之團體成員，仍然繼續保持原有工作進度。可是，專制式之下的團體成員，卻有被解放一般的反應和工作效率激降的現象。

民主式的工作成果減低甚微，而專制式的卻顯然地降低工作成果之趨向。

4 比起放任與專制的，民主式的領導之下，團體成員更顯得自動自發和富有創造性思考。

他們比專制式的更具有工作過程上的想像力和創造性思考。也比放任的更為耐心和持續性的現象且踏實可靠。

5 專制式的領導，易於產生敵意和攻擊性的反應。並且，由於壓抑的情境和行動之下，團體成員不但對專制領導不滿；並且，對過份熱心

的成員，均有相當程度的不滿情緒和反抗意念。

專制式之下的團體成員，甚至於有藉由對工作器材或工作內容之破壞，以洩其不滿情緒之傾向，而這種情形在民主式之下卻未曾發生過。

肆、領導型態之確認與選用

一、專斷、民主，以及放任的領導型態

對於主管而言，領導是指一種營運上的能力。這種能力使得一個主管或督導階層的人員，能與同事合作和能帶領所屬員工，朝向達成組織目標之有效進行和圓滿達成預期的成效。因此，領導不但是指一個領導者的職權，並且，他是能獲取員工尊敬與信賴的上級人員。

事實上在任何組織當中，一位中級主管人員，可能是領導部下的一位上級領導者。同時，他也是接受上級領導的隨從者。做為一個領導者，他應具有能力與同事維持良好的工作關係，並且能面對團體危機和調適危機。

一般說來，人人均有領導他人的能力，只要他能有效督促所屬人員為組織目標，採行一種持續的有效能的行動。這就是領導知能的實質效用所在。

主管在帶領或督導部屬時，所採用的領導方式，大致上分為專制、民主以及放任等三種。各種領導方式均有其獨特性和差異性。只是，在實際運作上不一定是完全區分的，一位領導者在某些情況之下使用某種型態，但是在其他情況之下，是兩種或三種同時聯合使用的。不論如何，把三種的意義與特性加以確認是必要的。

領導的三種型態之簡圖表示如下 (Sanford, 1979):

【領導型態的圖解】

1.專制式（老闆）

2.民主式（參與人）

3.放任式（無爲者）

二、領導型態之運作

（一）專制式

專制式的領導者，常獨自決定一切，即權力集中於他一個人和決策權只有他擁有。他的員工只有被告知如何去做，領導者則掌握所有的權威和責任。

當領導者顯示其高壓手段時，員工易於變成不安全感和恐懼感。不過，他也照樣可以做出仁愛的姿態和帶領員工努力的工作，因為有些員工從這種領導者較能得到安全和滿足感。

所以，專制的領導方式，有時候也能使員工動機和心理報酬提高。「仁愛的獨裁者」的姿態尚有以下三種:

· 領導者僅宣佈命令。

· 領導者運用獎勵並要求忠貞。

· 領導者使員工感受到，儘管他們依照領導者的意思去做，但是，是心甘情願的。

不過，許多事例顯示，專制的領導者常會形成員工之間的激怒與抵制。尤其，他所屬的員工中亦有強有力者，並且他們企求發揮自我的權力或才能時，專制式的領導者會為團體帶來更多的團體和員工間的難題。

（二）民主式

民主式的領導者，嘗試著分享部份決策責任於團體成員。他在作決定前，先徵求團體成員的意見，以激發他們對於貢獻團體的興趣和意願。

不過，有些決策必須由領導者負責，而不能委諸團體成員參與決定。此時領導者必須致力於使團體成員感受到，他們照樣有努力達成目

標的責任。

即使團體成員參與的決策，其執行之督導責任還是領導者，他常須運用獎勵和懲罰的手段，以期員工合力完成預期的目標。

民主式的領導型態之下，員工有相當充份機會參與機構內問題解決和訂定共同目標的時候。員工可藉以下的各種途徑，以實現其參與決策的權利與職責，這些途徑端視領導者的提供、支持與啟發而定。

【民主式領導情境】

- ．創造一種情境，使員工能自然學習。
- ．促進員工對本身職務完成之檢查。
- ．允許員工共同訂定挑戰性的目標。
- ．給予員工機會，以謀求其工作方法之改進。
- ．給予員工機會，以追求其工作效能之增進。
- ．給予員工工作成就上的確認，並協助他們從一些失誤中，學習解決問題之有效途徑。

（三）放任式

放任式的領導者，習慣於把權力交給員工自理，以逃避本身應有和應執行的權力。他靠團體成員本身訂立目標及其解決辦法。

這種團體容易形成一種在無政府狀態或無領導者之下，進行團體事務的運作。除非團體需要領導者從外界引進必要的資料、情報以及其他資源，領導者形同一個界外人一樣。因此，領導者不給員工（或給得很少）其工作方向與目標，員工獲得很多的自由。

一般說來，這種領導方式比較適用於團體成員動機與職責感高的專業人員團體。對於其他團體則不甚適用此種領導方式。

對於一些學術研究工作而言，這種領導方式的特殊功能，是可以增進獨立思考並增進研究者之創造力發揮。

　　但是，　對於其他許許多多的情況而言，　這種領導方式是效果不佳的。對於負有公共服務專業職責的機構，是不一定完全適用的。

三、領導型態與溝通方式

1. 專制式領導之溝通

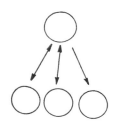

2. 民主式領導之溝通

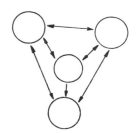

3. 放任式領導之溝通

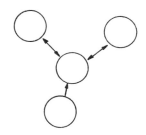

伍、選用領導型態之準則

事實上，在實際運作時，主管並非單獨使用上述三種方式之任何一種，而是使用多種方式，以適應各種情況與需求的。

雖然，民主式的領導使用之情形也許比較多；但是，許多必要情況之下，專制式的領導方式還是必要的。另外，某些特例是需用放任式領導的。

總之，視情形而定，並且主管要研判何種方式適用於何種情境，是需要相當深入思考才做決定的。領導是一種藝術之實質表現即在於此。

【選用領導方式之準則】

進一步分析的結果，可以發現在行政程序上，主管經常採用的乃是一些聯合互補使用的領導方式。也換句話說，他會採行多種混合式和彈性原則，多於單獨性和固執性的。因此，管理科學家們提出的所謂「領導型態的光譜」如下：

【領導光譜】

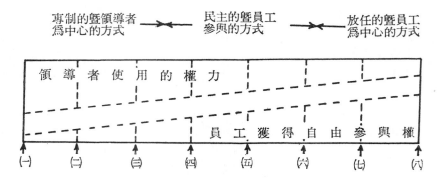

（一）領導者獨自決定一切，並且把決定向員工下達命令，要求執行。

（二）領導者自做決定，並向員工推銷其決定和要求員工合作地按照決定去做。

（三）領導者把其理念示知員工，並徵詢員工的疑問。

（四）領導者把其預定的決定示知員工，並接受改進意見。

（五）領導者把一些問題提出來，讓員工表示他們的理念與建議，以作為最後決策之參考。

（六）領導者界定問題和行動的限度，並且帶領員工共同決定。

（七）領導者允許員工全體在其範圍內自由發揮功能。

（八）領導者允許員工依情況自己決定和採行行動。

從以上八種領導方式的選用準則，主管可看出各種不同層次的領導權使用。在領導員工從事各項業務時，有些必須主管負更多的責任。有些卻是員工可被允許更多參與權。

但是，這是一項相當藝術化和技巧性的思考與行動，主管的領導藝術，也就表現在這些程序上。

陸、領導員工之步驟

【領導員工步驟圖】

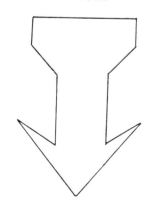

步驟一：獲取員工的合作。

步驟二：使用領導者的權威。

步驟三：引導與溝通。

步驟四：維持紀律與督導訓練。

步驟五：發揮團隊精神。

步驟一：獲取員工的合作

　　一個成功的領導者，須能取得他所帶領的員工之合作。尤其，他要讓員工瞭解他們的工作方向與目標；同時，他也須使他們瞭解員工彼此間的關係，以及團隊工作的實質及其目標達成之途徑。

　　一個領導者，他也須促使工作執行的準則能順利推動；使員工均能體認與篤行，他們每一個人的努力方向與共同追求的目標；並且，在工作進行過程中，難免會有摩擦或不和的現象發生；其中一些員工會毫無疑問的埋怨或發牢騷。

　　領導者對上述情況要對這些情形作適當的調適，卽從事必要的溝通與領導，進而使工作能順利進行並達成期預的目標。

　　在某些情形之下，工作進行過程中，計畫與目標也有可能改變的時候。針對這種改變情況，領導者須及時把握的重點工作是，向員工充份的溝通，向他們說明改變了什麼以及何以如此改變的理由。惟有如此，員工才會更能與主管合作。

　　上述發展的結果，員工會感受到在本單位主管的有效帶領下，他學到不少也獲得成就感。另外，再加上組織內一些升遷制度的鼓勵之下，員工不但偏好你這位主管，並且還會向你模仿和認同。這樣做，也進一步儲備基層領導幹部，爲機構培育生力軍。

步驟二：使用領導者的權威

　　主管有合法的權力行使他的地位與指揮權，而這種指揮權除非他自己願意使用，否則不可能從天降下來給他。只是使用指揮權時，主管要愼重考慮其需要性、可行性，以及職責性。

　　使用權威的另一個意義是，主管要經常訓練員工如何操作業務和達

成任務。有時候，雖然員工對所訂的標準或有異議，但是，主管必須對他們加以開導，並督促員工照決定去做。

步驟三： 引導與溝通

上級主管對中、基層幹部授權，並把授命事項說明清楚，以使其所屬有權指揮員工。中層幹部須上級主管的鼓勵與訓練，以使其工作能產生一貫的作用。尤其，他若能採行雙向溝通，更能使中層幹部提高執行功效和達成預期的目標。

主管對員工要會「傾聽」，也就是說，當員工向主管傾訴有關事項或看法時， 主管要有誠意和耐心去聽他訴說 。 同時他要對員工加以支持、引導、影響，以及推動發展性的討論。

此外， 一些必要的和被允許的情況之下， 主管要主動找員工來會談，以有效鼓勵士氣，和監督工作的進行，以及修正錯失之處。

步驟四： 維持紀律與督導訓練

對員工的紀律和訓練，首要工作是把工作準則與規定向員工說明清楚，並採取前後一致的和合理的途徑，監督員工遵照規定去執行。

另一個重要的觀念是，紀律是被使用以改進行動，而不是報復或懲罰之用。還有，當員工違規時，主管的態度要莊重，要有一致性，並要理性而清晰地做適當的處置。

步驟五： 發揮團隊精神

事實上，團隊精神表現乃建立在員工均能清楚地了解工作的目標及其評量標準，要使每一位員工均能體認到機構目標的達成，有賴團體成員的團隊工作表現上。

主管的首要任務，就是把每一員工當作有成就動機的人，並促使這些成就動機整合於機構團體的目標之中。

本章參考書目

Barbara, K. ed. (1984). *Leadership*: *Mulidisciplinary Perspectives*. Englewood Cliffs, N. J.: Prentice-hall. pp. 92-104, "The Nature of Leaderships."

Bass, B. M. (1981). *Stogdill's Handbook of Leadership*. New York: Free Press.

Burne, J. M. (1979). *Leadership*. New York: Harper and Row. pp. 39-40, "The Leadership System." pp. 369-400, "Executive Leadership."

Chapman, R. A. (1984). *Leadership in the British Civil Services*. London: Croom Helm.

Eckles, R. W. et al. (1975). *Supervisory Management*: *A Short Course in Supervision*. New York: John, Wiley & Sons, Inc. pp. 57-59, "Leadership Patterns."

Sanford, A. C. (1973). *Human Relations*: *Theory and Practice*. Columbia, Ohio: Charles E. Merrill Publishing Co., 1973. pp. 138-186, "Managerial Leadership."

Stogdill, R. M. (1979). *Handbook of Leaderships*: *A Survey of Theory and Research*. London: Collier Machillan Publishers. pp. 7-16, "Definitions of Leadership." pp. 17-23, "Theories of Leadership." pp. 24-34, "Types and Functions of Leaderships."

洪良浩（主編）:《企業管理百科全書》（上）、（下）。臺北: 哈佛企業管理中心，民國七十五年二月。頁 514-517，〈瞭解你的領導方式「極權? 放任? 民主? 」〉。

廖榮利:《領導的藝術》。臺北: 臺灣合作金庫員工訓練中心，經理班研習手冊，民國七十五年十二月。

鄭心雄、周震歐、廖榮利:《青年領導概念及領導能力調查研究》。臺北: 幼獅文化公司，民國七十五年二月，第三版。

第五章　協　調

壹、協調的本質與特性

一、協調的涵義

協調的最簡明說法是：「協調是機構決策之管制程序，運作之導正途徑，以及員工之合作行動」（Greenwood, 1984）。協調的實際運作在以下各方向：

- 一個機構與另一個機構之間。
- 機構的一個部門與另一部門之間。
- 一個部門內的一個單位與另一單位之間。
- 機構各級員工之間與同一單位之員工之間。

協調（coordination）在生理學上是指：「人體一種複雜動作中，各種肌肉的聯合行動表現」。協調之於公共行政則是：「指一個機構或單位的人員，為了要達成既定的共同目標，所採取的和諧的和一致的聯合行動之過程」。因此，協調是促進行政效率和效能的重要因素之一，適切而充分的協調，能使一個機構（或方案）的目標合一和行動一致（Twain, 1983）。

機構首長的理念，可藉由協調以達成員工的共同目標，同時行政首長的命令與職權，也能透過協調以形成一種聯合的行動。一個機構（或單位）的共同目標之建立，有賴於各項措施的目標之共同認識，以及他

們對達成共同目標進行工作的重要推動力量（Hardiker, 1981）。

因此，一種清楚而完整的「工作說明」，明確又合理可行的「工作步驟」，以及標準化地把策略付諸實施的「工作準則」，均爲協調所必須具備的。機構（或單位）主管在日常行政領導過程中，均會體認到協調在現代行政組織中的重要性。尤其，在一個組織龐大、人員眾多、分工細密，以及運作複雜的公眾服務的行政組織中，協調更須深一層的講究。

事實上，行政協調除了同一機構（或單位）內人員之間協調之外，尚有一些是指不相隸屬之各機構人員之間的協調，由於它運作於不同的指揮系統間，或地位相當人員之間。因此，在機構組織中的協調常包括五個層次：

　　1.管理階層與機構外團體組織之間的協調。

　　2.上層管理人員之間的協調。

　　3.中層管理人員之間的協調

　　4.基層幹部之間的協調

　　5.基層員工之間的協調。

二、協調與團隊意識

（一）團隊意識

羣策羣力與協調配合，有效帶領所屬員工整合於機構團隊中，以實現首長暨上級主管之授命授權，並朝向機構運作之總目標，腳踏着穩健步伐勇往邁進，乃是各級幹部日常的工作方向與生涯信念。因此，各級幹部對「機構團隊意識」的確認與篤行，能使幹部本身，所屬員工，以及機構整體，均會獲益良深。幹部對機構團隊之實踐途徑有三：

　　·幹部本身須培養本身 對機構之團隊意識， 並表現於其對己、 對

下，以及對上之行為上。

・幹部要用心促成所屬員工對機構之團隊意識，建立信念與態度，並督促其表現於日常在機構與同事協調合作，以及自我力行上。

・幹部宜對其上司表示，其盡責促成工作部門（單位）之協調合作與團隊精神之實踐，並適時對上司獻計有關協調與機構團隊之良策。

（二）員工團隊意識之培養

培養每一位員工一種「內化而成」之團隊意識，是團隊工作的要件之一。經由團隊意識所表現的團隊行動，始能做好日常工作上之行政協調。團隊意識之培育途徑有（Abels, 1985）：

1.每一位員工，宜確認其他同仁在單位中之角色、職責，以及期許。

2.每一位員工，應儘量避免過份為自身利益的競爭性行動。

3.團隊（或機構）目標之達成，宜在一種互惠、磋商，以及妥協中共同完成。

4.每一位員工，宜相互支持並儘量克制個人自我中心的傾向。

5.團隊成員間之良好工作關係，須合作模式重於競爭（或妬嫉）模式。

6.民主自律暨員工參與模式之領導行為重於專斷式之領導行為。

7.促成員工自我訓練暨諮詢服務方案。

8.儘可能在現實工作負荷量範圍內運作其業務。

9.宜設定並執行公平待遇與公正之賞罰制度。

10.對每位員工不分資歷、職位，以及聰明或平庸，均應受到同等的尊重。

（三）協調與各級幹部

　　協調是現代機構組織日常運作上，重要程序之一。只有在一種經常性和效能化之協調下，機構的運作始能有效進行，機構的既定目標才能在各級員工和諧的和一致的聯合行動中，在預期的時間內圓滿達成。

　　協調對各級幹部所意味的，除了上述的確認之外，各級幹部對協調尚須有以下的體認與篤行。

　　　・幹部是協調的關鍵人物之一，他（她）可藉由協調，以促進機構運作之效率與效能。

　　　・機構首長及上級管理者之開發與管理理念，可藉由各級幹部的負責協調有關部門與人員，以形成機構員工之共同目標。

　　　・機構組織的首長與上級管理對各級幹部之命令與授權，能透過各級幹部對各部門與人員的協調行動，以形成機構全體員工之一系列的聯合行動，以開展機構各項運作。

　　　・現代機構組織（各機構及其部門）之開發與運作，其共同目標之建立與營業之實踐，有賴機構的全體員工對各項措施的目標之共同認識，以及他們對於達成其共同目標，所應具備的方法與步驟的某些信念能共同接受。而這些必須有良好有效的協調溝通，才能奏效。

貳、協調的目的、途徑

一、協調的目的

　　具體的說，行政協調是使各機構的各單位間與各員工之間，能以共同的觀念，合一的行動，以及朝向共同目標運作日常業務的一種過程。行政協調在行政組織中的重要性，可從其所應達成的目的中確認。

　　一般說來，協調的目的有五項（張金鑑，民七十四）：

1.它可使各單位各員工之間在工作上能密切配合，分工合作，以避免工作重複與事權衝突。

2.它會使各員工在和諧一致的情形之下執行公務，以消除浪費和增進效率。

3.它可使多數人匯為一人，個別的努力成為集體的努力，單獨的行動成為合作的行動。

4.它會使各員工在其職位上善盡其應盡的職責，以不發生過與不及之工作內容。

5.它最後能確保機構（或單位）共同任務的圓滿達成。

二、 協調的途徑

從運作層面和進行步驟來看，我們日常的協調工作，有一些重要的操作途徑，這些或稱為行政協調的工作方法，此種方法有七（張金鑑，民七十四）：

1.從幕僚單位與人員的協調開始，把首長的某些理念或構想，整合成一種方案的內容，以便提出主管會議中討論。

2.從委員會或委員代表之間的協調，即由有關單位派代表或成立委員會，以連繫協調計劃與執行有關事項。

3.從政策與目標的訂定上獲得協調，並將各項決定在各單位主管共同的集會上，即已充分了解和溝通。

4.從層級體系與行政督導過程中，進一步協調，促使各級主管或督導對所屬員工的命令與指揮中獲得協調。

5.從各單位的工作計畫時，把工作內容、工作職責，以及人員的組織，即已分配妥當。

6.從工作的指派與工作說明中協調，把各項工作加以分析和各項業

務加以分配給員工，以利職務上確認和行動上一致。

7.從會報或報導制度中得到協調，卽將工作進行中有關資料及其訊息或改變情形，及時充分溝通，以利工作進行和行動一致。

叁、協調的形式

機構內各單位間和員工間的協調活動，形成一種系統化和有效運作的體系，是一種重要的課題。新近一種被認爲比較實用的協調分類，認爲協調主要的有三種：卽分階式、連貫式以及交互式者三種 (Hasenfield, 1983)：

一、分階式相互依賴型

分階式相互依賴型 (pooled interdependence type) 是指：「機構各單位分別對整體機構負責任，並且各單位受到整體機構的直接支持」。因此，各單位之間是處在一種半獨立狀態，而不直接依賴其他的單位。

這種方式被認爲是一種比較簡易的協調，並且它有助於各單位對整體機構負有直接的責任，以及維持一種穩定的重疊的情況，分階式協調之圖解如下：

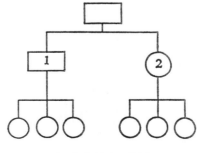

分階式協調圖解

二、連貫性相互依賴型

連貫性相互依賴型（sequented interdependence type）是指：「機構各單位之間的直接互相依賴和具有特殊的程序之下進行。因此，各單位之間的工作是在一種連鎖性和先後影響之下進行，形成一種高度依賴的狀態」。這種方式必須從設計到執行的過程，均有條不紊和層層關連著，以完成一個方案或一項工作。

但是，這種協調方式，有時候被發現是一種複雜而耗費的協調，因為當有任何波動或修正時，必須一切從頭做起，卽重新設計和重定進度或時間表。

連貫式協調之圖解如下：

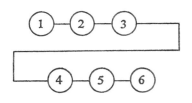

連貫式協調圖解

三、交互式相互依賴型

交互式相互依賴型（reciprocal interdependence type）是指：「各單位的工作成果成為其他單位的工作內容，同時常在循環性的互相影響」。

這種協調方式，可以算是最複雜和最耗費的協調，因為，各單位之間必須經常互惠性的相互調適，尤其在工作進行過程中，必須經常傳遞新的資料或訊息，也就是各單位在工作進行過程中，時時刻刻均在相互

的調適和配合。

其實，從行政領導的步驟來講，主管為了要獲取員工的合作，他必須從工作準備和運作前，須向員工說明工作的性質和目標；工作進行過程中，更須經常促成員工或單位之間的協調；以及工作進行過程中，計畫目標有任何改變，均應向員工從事及時而詳細的說明改變了什麼及其理由，以期達成上下左右前後充分的協調。

交互式協調之圖解如下：

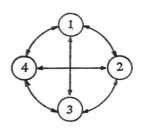

交互式協調圖解

四、對機構採行的協調之省思

從上述三段的最簡明的，說明一種協調的理論架構，似不難讓我們發現，機構內協調的體系，以及各機構對這些協調型態的適用情形。在此，我們很可以進一步思考的課題有：

1.機構（或單位）的行政協調是否要有其一定的型態，假如一定要有或最好要有那機構的協調型態，要使用單項或多項型態的使用較妥切。

2.回顧以往各機構的協調情形，是否已有一定的型態。並且，是屬於上述的那一種，甚或是上述三種以外的其他何種型態。

3.初步發現原先所採行的定型或不定型的行政協調，其利弊各如何，須改善的需求與方向爲何？

4.展望今後各機構的行政協調工作有何「應爲」和「可爲」之處？

上述的這一連串的問題，也許值得我們進一步探討，並且進一步謀求對策。

不論如何，我們須從比較實用的面來了解行政協調的其他課題，比如：行政協調的範圍是否要有一定的限度和歸類；從層級與分工的體系來看，一個機構（或單位）的行政協調，可以分爲本機構（或單位）內的協調，與首長或上級主管的協調，以及與其他機構或單位的協調等三種範圍。

在一個機構內，首長把工作目標向各單位主管指派或分配之後，單位主管宜將該單位的工作職責，從事具體的計畫和工作的分配，並召集員工從事協調；他要適切地決定工作進度、工作指派，以及工作執行上所需人員的調配。

另外，對於完成該項工作，所須的各項設備與器具，均應妥加安排或解決。並且，主管要促成員工們在工作進行中的相互協調，並時加督促。

在某些情況下，許多的行政工作，除了在機構內與上級長官和單位內所屬員工的行政協調以外，尚涉及其他機構或同機構內其他單位之間的協調。與其他機構（或單位）的協調工作，本機構或單位的工作計畫中，發現與其他機構（或單位）工作內容或程序有關連的部分，自然須與其他機構或單位有關人員或負責人取得聯繫，其方法有的採用個別諮詢或是集會討論方式。所以，在工作進行中卽能順利進行或至少建立溝通網，爲進一步的協調工作舖路。

肆、協調會議與公務會談

一、確認協調會議的真諦

（一）協調會議的評量準則

在日常的行政程序上，開會是最常見的一種協調途徑。雖然，所經驗過的會議，其大小不一且印象或功效各有不同；但是，行政協調會議必須是一種良好有效的團體討論方式進行，會議的一般意義可從以下幾方面來評量（Tropmnn, 1980; 廖榮利，民七十五）：

1.開會是一羣人誠心誠意地聚集在一起，為解決問題於一定的場所，在某人主持下，互相交換意見的一種集體行為。

2.開會對於問題的解決，應該在彼此尊重下，至少可以對問題有所了解，進而討論其解決的方案。

3.開會的人必須對開會有誠意，能接納與尊重別人，並且熱心參與發言。

4.開會的時間，因其目的而定，最好一至兩小時，不宜太長或太短。

5.開會時的討論，必須得體，並且要獲得一致的結論而付諸行動。

6.令人喜歡的開會，必須是一種集思廣益的會，而不是流於形式的。

7.開會的結果，最好是獲致一致的決定。但是並非每會必須有確定的結果，某種程度澄清問題也有用處。

8.開會時的溝通，盡量是成員和主席之間的多線式之交議方式進行，以避免集中或成員與主席成單對單之關係。

9.如果開會每個人事先都了解其目的，並盡量參與並適當地表達自

己的意見，它將是一個成功的會議。

　　10.大家對開會，都應熱心參與並嚴加自律，且以整合思考爲最終目標。

　　以上各項對開會的看法，是本文作者在近年前爲臺大社會學研究所開設的「督導技術」課程，以及爲一些民間社會機構的主管人員開設的「行政程度」課程中，對授課學員所從事的「團體討論教學法在臺灣社會中之可運用性」，所做的簡單問卷調查發現，也許可供參考（廖榮利，民七十二）。

　　在任何小型的會議中，其討論的程序與功效，主要的要看主席和成員角色的扮演及其互動而定。當主席的，要時刻了解團體進行情況，卽主持人要像團體的一面鏡子，經常把整個團體的感覺和思想反映給成員。

　　會議的主持人，要盡量保持中立和客觀的態度，並促進團體成員間的互動；會議主持人須把不同意見加以類化和連貫，並作必要的段落結語；當然，會議主持人更須在終結前，把討論的議案作成摘要的結論，以利員工的遵循。

　　（二）對開會的負面印象

　　在上述簡單調查中，參與的成員對開會的負面或刻板印象有以下各項：

　　1.我覺得開會：經常是浪費時間和推卸責任的政治手段。

　　2.開會對於問題的解決：經常是紙上談兵，議而不決或決而不行的爲多。

　　3.開會的人：黑白各半，參差不齊，且有各懷鬼胎的時候。

　　4.開會的時間：應該是愈短愈好，開過的會不是太長就是太短。

　　5.開會的討論：經常是和主題風馬牛不相及的，不知所云者居多。

6.我不喜歡開會：是因為許多會均流於形式；並且，其答案幾乎事先都擬好了，大家不過來湊個角而已。

7.開會的結果：被放在檔案中存檔是最常見的，真正實行的好像不多，會完一切也就忘了。

8.開會的溝通：很少有流暢的，多半是各說各話。

9.如果開會：有文不對題胡言亂語的人，就當眾請他停止發言或離席，這樣做也許會使會議比較有進展。

10.大家對開會：都有點不得已的樣子，有時還會心有餘悸。

以上所陳示的內容，似乎可以給我們以下的啟示：臺灣當前社會上的一些會議呈現著一些如上述各項不良現象，致使人們對於開會缺乏興趣和信心，形成上述各種不良印象之因素，似乎值得探究。

二、主持會議

(一) 共同思考與整合思考之團體討論

機構主管在日常行政的運作過程中，所主持的協調會議，事實上也是一種團體討論的活動。對此種活動進一步探究之下，吾人尚可發現：「團體討論是一種『共同思考』的過程，包括深入思考與協同他人思想」(丁松筠、黑幼龍，民六十)。

在一種有組織的和動態程序的團體討論中，參與者若想要思想得有結果和能獲得腳踏實地的看法，也就是想要將思想帶到實際生活上。尤其，他要對生活上的難題解決途徑，思索出正確的研判和周詳的計畫，則必須在團體討論中一方面自問，另一方面把想到的與團體成員中其他人的想法和經驗查證，以獲取成熟的想法和可行的解決問題之具體途徑。

事實上，在團體討論中，每個人除了自我深思與獲取他人的意見外

並時時刻刻均在協助他人思考。 不論他本身對他人不同的想法， 或是對他的情況的研判與意見也好，乃是一種合作思想的方式以利自己和他人。這種協調他人思想和自我深入思考匯合的過程中，能促使人人達到一種實際、創新，以及效能化的思考和行動方案。

當一個人發現一起討論的其他成員， 具有與自己相同或相似的經驗、看法以及難題，或持有與自己不同的經驗、看法以及做法；但是，經由意見交換而發現共同可行途徑時，那麼，這樣的團體程序成為成員所嚮往與感到成就的經驗。

不可否認的一項事實是，在團體討論進行中，也可能碰到困惑阻礙以及無法控制的情況。所幸，在從經驗中洗鍊而朝向成熟的團體討論主持人之有效引導之下，對於許多失敗經驗所形成的刻板化和曲解的概念或感受，得以逐步澄清；對於難以肯定其功效的行動得以探索、分析，以及評估，而獲得信心和能力。

上述這些可說是團體討論的優點之一， 它們也是由於他能藉一種雙向溝通的途徑，和逐漸增進的思考層次，相互修正其認知的偏誤和增強被潛抑的信心和忽視的能力。

（二）主持團體討論的步驟與技術

事實上，以上所說的均在整個討論的運作上使用，不過，進一步具體化地說明，要使得討論能順利而有效地進行，以下的步驟和技術是必要的：

1.主持人要協助成員「連接現實情況與內在感受」，這樣才能把討論形成是一種有深度和有收穫的。

2.主持人要有能力使成員們有興趣參與討論和有向心力，擁有自由發言，自動提出看法，並充分激發成員之理念、思考與發言，提高成員的參與慾念和分享需求到最大程度。

3.主持人要集中注意力，去傾聽成員們所表達的看法，並把這些看法連結、分類，以及綜合起來。

4.主持人須為討論的參與者的立場著想，再加上善於對成人學習共同要注意的課題加以運用。

5.主持人須使團體討論有進度，而不可停滯在同一課題太久而生乏味之感。因此，主持人要適可而止地，使某一課題告一段落，並引導成員往下一階段的課題進行討論。

6.主持人對團體討論必須每次均有事先的計畫或準備，這種計畫包括預先準備為當場使用的資料或作業，也包括整個討論過程中的進度。

計畫的內容應包括成員在會場上臨時提出問題的對應，要清楚成員的程度和進行中的角度和進展等，有時須先給作業，如問題或討論項目的提示。

但是，這種計畫宜在一種彈性應變的方式使用，而不是固執性的按例行事。

7.主持人須熟悉團體成員的姓名，並在引用成員看法時，宜稱其姓名（如某某先生、某某小姐或太太），並加以接納其看法。

除了熟悉成員之姓名外，還要進一步確認成員之潛在感覺，盡量使討論氣氛在一種融洽、趣味，以及積極有效中進行，不宜太沉悶，也不應形成茶會，相當程度的莊重性還是必要的。

8.主持人本身要感到舒適而有信心，並能接納成員不同的看法。他不宜以主持者個人的主觀感受去衡量成員的看法。

他要接納成員個別化的傾向，但對其謬誤之處仍須技巧地指出和說明。

其中，對於團體成員共同錯誤看法時，則宜以一種比較婉轉或幽默的方式加以修正，這也就是主持人的專業知識、專業判斷，以及專業自

我的表現。

9.主持人對特殊成員，如社會感情型 (social-emotional type) 和問題解決型 (problem-solving type) 的成員之表現，不但不應壓制，反而要以接納和支持並善加導向於團體功能上。

10.主持人在團體討論過程中，要善作「段落結語」(running summary)，在數個段落結語後，也就是討論的最後兩三分鐘，要做總結 (conclusion)。如此能使討論內容與結果，為每一成員所確認、參考，以及遵循。

三、公務會談的藝術

為公眾事業與人之談話，稱為公務會談。它是一種正式性和目標取向之談話，它與平常友誼之閒聊是有不同的。公務會談要給對方好印象，與之建立良好關係，以及企求對方在業務上協調與配合。因此，公務會談是必須莊重和用心之事。

（一）公務會談的特性

公務會談的特質有以下各項：「公務會談是在一種既定的目標之下進行的行政協調。因此，其內容的選擇著重於有助於這種目標的達成」。由於公務會談是為了要達成其目標，因此，會談中必須有人負責引導互動和朝向目標，所以參與會談者需有不同的工作分配。公務會談的參與者一人為「主談者」(interviewer)，另一人為「與談者」(interviewee) 或共同會談者 (co-interviewer)。

公務會談須先加以計畫和思考，並須在意識上，選擇促進目標的會談中之結構與角色。公務會談為了要達成其目標，參與會談者均有義務維持連繫，不論參與者有何不良感受，均不得以某些個人理由來要求中止會談。當然，公務會談必須是一種正式安排的聚會，也就是說須有一

定的時間、地點、主題，以及時間的長短。總之，公務會談宜與一般談話或閒談有所區別。

另外， 公務會談除了盡量努力維持和諧氣氛以外， 爲了達成其目標，有時候無法避免不愉快的事實或感受發生。爲了公務職責的達成，甚至於參與會談者，有義務面對事實和參與必須的爭辯，只是要以理性態度與公務爲前提。

（二）上對下的公務會談

在一個機構（或單位）內，公務會談的進行過程中，上級主管（或督導）乃是一位自然的「主談者」。既然是一位主談者，他在公務會談的過程中，卽擔負有以下幾項主談者的職責：

1.促成良好的工作關係，並兼顧合作態度與公務職責的達成。

2.充任一種會談中「動力引發人」或催化作用的角色，以有效提示資料和尋覓解決途徑。

3.擔任「資料處理人」的立場，以組合對方所提供的資料和看法，使之成爲整合的結論。

4.負責排除會談中可能的干擾因素，以從事必要的調適工作。

5.給予所屬員工，在會談中的心理支持，並鼓勵對方盡其所能的表達其看法。

6.顯示精神集中於會談，不但身體和理智在會談中，並誠摯而有感情的主持該項會談。

7.負責會談中的引導者、影響者，以及推動者之角色，以使會談之有效進行。

由上述各項職責顯示，一位主管（或督導）在行政協調過程中，與所屬員工個別的公務會談，是一項相當密集性的工作。因爲，主管對所屬員工除了負有行政領導的責任外，還須兼顧督導和訓練部屬的功能，這

就是主管之所以為主管，而不是一般員工之故。

　　不過，事實上一個良好有效的公務會談，只靠主持會談的主管努力是不夠的，接受會談的所屬員工，除了確認行政協調的重要性之外，他也須在會談中，表現以下的合作態度，卽所屬員工在會談中必須善盡以下各項「與談者」的職責。

　　（三）下對上的公務會談

　　與上級主管會談時，所屬人員有其應遵循的準則，這些準則是各級員工須自我努力、自我評量，以及自我推展的。與談者的職責有：

　　1.努力發揮自己的能力，與主管真心的溝通；卽對主管所問，要細心聽和認真答。

　　2.努力以口語方式，把內心的感受和看法，向主管報告或說明，並作必要的澄清和建議。

　　3.盡其所能地把想說的話，先加以思考、整理，以及組織一番。

　　4.要有意願和有動機與主管會談，並對各種情況研判和提供意見。

　　5.要有誠心和能力去領會主管對你的期待，並對主管作適當的回應。

　　假如，各類各級人員，能在公務會談時，遵循以上的準則，那麼，他不但會是一位盡責的工作者，並且，也顯示他是一位有思想、有學養，以及有氣質的文明社會中的成員。如此的表現，他不但會在辦公室裏為其主管所賞識，和同事所樂於為伍的一員，並且他也將是社會大眾所樂於接近和禮儀相待的專業員。

伍、機構團隊的理念與實踐

一、專門化、分工化，以及團體化

綜觀今日之各種機構組織，均採行一種嚴密的科層制，以期大型的組織暨相關服務等關係單位，中型的機構及其部門，以及小型的機構及服務單位，均在一種嚴密組織下運作。

現代社會大多數的正式組織都以一種特殊方式建構而成，此種特別的行政組織類型稱為「科層體制」。它之所以能在現代社會中被採行，乃是由於它已被認定為，比其他任何人類所創造的次級團體性的社會結構型式，更能有效地運作之故（Haseufnield, 1983; 廖榮利，民七十五）。

科層體制的中心原則是：將工作專門化和標準化，以及依據整體計畫合理地設定或分派各項工作。總體工作被分成部分工作，以做為達成總體目標的工具。此種概念乃根據以下兩項假設： 其一是， 對於組織欲邁向的終極目標， 要有明確的、 一致的、 完整的， 以及大家同意的定義。 其二是， 此一目標可以用標準化的方法獲得（Stizonihalous, 1983; Lutrin, 1985）。

換句話說，科層體制乃建基於社會學上的一種觀念，即社會不斷進步與發展的主要推動力量，乃是專門化和分工化。此一論點乃始於社會學家涂爾幹（Durkheins），且為後人所接受並循理推展的。

不過，專門化本身有其正面和負面的作用，其正性功能是： 它能使知識與技術發展，並藉由分工與專門化，以達成高度的工作效能。至於其負面的影響，也就需要靠團隊的整合作用，始能事半功倍。

專門化的負性影響乃是，易於使各種專門知識片段化與隔閡化。因此，各部門之間的相互依賴與整合工作，也就更形重要。而此種工作也就要靠各部門人員發揮其團隊精神，以形成團隊間之協調與合作。

二、 機構團隊工作的基本理念與實踐

　　從團隊工作的本質與特性，來探討今日的機構團隊意識與運作，可帶給機構主管動態性和前瞻性的啟示。那是因為，今日機構人力之運作本身須團隊化之故。

　　團隊工作的性質往往由於層面的不同，其所持的觀點也有差別。以下是比較常見的團隊工作之定義:

　　1.團隊工作是指: 「由一些人共同完成一件工作， 其間雖各個人負責不同的部分，但每個人均朝著同一目標貢獻自己的專長」(Clare, 1982)。

　　2.團隊工作是指: 「一個有組織的團體，共同努力完成一些共同的目標」(Bracht, 1978)。

　　3.團隊工作是指: 「一個有組織的團體，他們為了達成一些共同的目標,而相互合作地不斷運作著,並藉由功能上相互依賴的工作人員，朝向既定的共同任務與目標努力以赴，以增進解決問題的能力；同時也不斷地改善功能上互相依賴的從業工作者間的人際關係」(Kane, 1975)。

　　4.團隊工作乃是指: 「一個從業的羣體，各成員有其自身負責的工作領域，並對其個人份內工作有其決定權。但是，此一羣體的成員持有其共同的目標， 他們經常有目的地聚集在一起， 以溝通工作內容，增進工作知能， 以及激勵工作士氣。 藉此， 以制訂他們的工作計畫、 決定行動方案與執行其工作，以及進一步開創發展性的決策事項」(Brill, 1976)。

　　因此，團隊工作有四個要素: 其一是指: 一個羣體的人。其二是: 由本身有其工作任務的一些個人所組成。其三是: 全體成員有其共同的工作目標。 以及其四是: 成員之間對工作之知識與技能經常溝通、 合作，以及激勵。

三、 團隊工作的組成要素與評價準則

（一）團隊工作的必要條件

從上述團隊工作的定義中，可以發現團隊工作是有其必要條件的，這些條件分別有以下各項：

1.它要有共同的目標。

2.它要有職業上的貢獻。

3.它要有一套溝通的系統。

4.它要講究協調與合作。

5.它具有一些共同思考的程序。

（二）團隊工作的評量準則

至於團隊工作的評價，也有其正負兩面。這兩種評價，常會影響各專業人員，對團隊工作運作的助力與阻力。因此，它是值得吾人審視與改進的。有關團隊工作的正面評價認為：「團隊工作乃是一種社會獲利過程，它使各專門職業的獨立性與特有的功能，藉由相互依賴的運作程序，即朝向一種目標理性取向的管理之進行，以達成合作取向的分層負責之科層體制式的管理目標」（Stevenson, 1981； 廖榮利， 民七十五）。

團隊工作的負面評價為：「團隊工作主要在於滿足各種專業人員的內外在的認同需求，包括一方面為了確認自身的工作範圍，維護專業本身的存在地位；另一方面為了爭取各專業成員的優勢權與社會尊嚴」。

為了增加上述正面評價到最高境界，也減低負面評價到最低限度。在治標上， 須團隊的領導人在其日常工作督導中， 善加引導其團隊成員，使其朝向團隊合作與整合的工作習性。在治本上，各種專業的正規教育與在職訓練中，宜培養各團隊意識與工作習性。

本章參考書目

Abele P. etc (1983). *Administration in Human Services-A Normative System Approach.* New Jersy: Prentice-Hall. pp. 208-209, "Team Building."

Ballow, J. R. (1986). *Case Management in the Human Services.* Springfield, Ill.: Thoinas Books.

Beer, M. et al (1985). *Human Resourse Management: A General Manager is Perspective: Text and Cases.* New York: The Free Press.

Brill, N. I. (1976). *Team-work: Working Together in the Human Services.* New York: J. B. Lippincott Co. pp. 22-23, "Definition of Team Work."

Bracht, N. F. (1978). *Social Work in Health Care.* New York: The Haworth Pre-Press. p. 11, "Definition of Team Work."

Clare, A. W. etc (1982). *Social Work and Primary Health Care.* London: Academic Press. pp. 81-104, "Health Team Work."

Etzioni-Halous, E. (1983). *Bureaucracy and Democracy: A Political Delema.* London: Routledge Kegan Paul.

Greenwood, J. et al. (1984). *Public Administration in Britaion.* London: George Allen Unwin, pp. 34-36, "What is coordination?"

Hardiker, P. etc (1981). *Theories of Social Work Practice in*. Toronto: Academic Press. pp. 166-171, "Coordination."

Hasenfield, Y. (1983). *Human Service Organizations*. New Jersey: Prentice-Hall, pp. 29-32, "Decisionmaking Process."

Kane, R. A. (1975). *Interprofessional Teamwork*. Syracuse University Press.

Lutrin, C. E. et al. (1985). *American Public Administration*. 3rd ed. Englewood Cliffs: Prentice-Hall. pp. 12-22, "Administrative Process and Policy."

張金鑑：《管理學新論》。臺北：五南出版社，民國七十四年四月。第十六章，〈管理的協調〉。

廖榮利：《行政協調與意見溝通》，公訓教材之三。臺北：臺北市公務人員訓練中心，民國七十五年五月增訂版。頁 19-23，〈協調會議〉。

廖榮利：《公務人員生涯發展》。霧峯：臺灣省訓練團，民國七十四年八月。第六章，〈行政協調的程序〉。

廖榮利：《心理衛生》。臺北：國立編譯館主編，千華出版社發行，民國七十六年十月二版。頁 311-326，〈心理衛生的團隊工作〉。

廖榮利：〈行政協調與團隊精神〉，《人事月刊》，第十六期，行政院人事行政局，民國七十五年十二月。頁12-22。

第六章　溝通㈠：組織溝通

壹、臺灣企業主管之溝通觀

一、臺灣企業主管之溝通觀

有一項簡單的問卷調查，是本書作者年前爲來自三十多所公營事業機構中級主管人員，講授意見溝通前由他們塡寫什麼叫做意見溝通，當初分類後向他們說明其共同趨向有以下四項（廖榮利，民七十二）：

1 多數人注意溝通的「結果」，而缺乏溝通必經的「過程」之概念。

2 多數人強調溝通的「一致性」，而較不能接受「不同意見」的存在。

3 多數人強調由上而下的單向溝通，而缺乏上行溝通和雙向溝通的概念。

4 多數人視溝通爲「難題」和「畏途」而缺乏溝通的正面性和溝通的信心。

從上述的發現值得我們進一步探究當前臺灣社會中，企業組織中意見溝通的趨向和實際難題如何？謀求改進的有效途徑有那些？臺灣的企業管理研訓機構對私人企業主管的在職訓練中意見溝通可提供參考價值如何？

二、臺灣企業主管之溝通量

在上述同一研究中也發現，來自三十多所公營事業單位的中級主管人員，在正式溝通上的一些發現如下：

1 每週花費在溝通方面的平均時間爲：與上司一小時四十八分，與同事兩小時四十二分鐘以及與部屬三小時十九分鐘。

2 通溝的內容方面，與上司偏重工作原則、方針、效率、態度、方法、業務程度，以及解答工作上的難題；與同事則強調單位間的協調配合和方法技術的諮商。

3 這些中級主管人員對上司的意見不表苟同時，只有百分之十五的人總是或經常提出異議，而他們的上司中只有三成七的人會總是或經常鼓勵他們表示不同的構想和建議，而當他們眞的提出構想和建議時，有過半的人認爲他們上司總是或經常考慮其構想和建議的。

4 這些中層幹部對其下屬的意見不表苟同時，總有四成的人從不回絕他們，約有八成五總是或經常鼓勵其下屬的構想和建議，也有七成的人總是或經常嘉許其下屬的工作表現。

從上述這幾段要點中，讓我們窺探出其上行與下行溝通上的差異所在。該項統計工作乃由作者的研究助理當場統計完成，並於課程的末段提出給學員共同討論，其效果頗佳。其實，類似以上述的發現可供各人進一步探討的事項是不少的。

貳、溝通與管理

一、溝通與管理

對於企業組織中的各級主管暨督導人員，在其與所屬員工共事的經

驗中，均會深切體驗出：意見溝通乃是工作上必要的技術，同時溝通能提供各種爲激勵、合作，以及滿足工作之必要條件。企業管理者會有此體驗乃是由於：

1.溝通之於企業營運上，猶如血液循環作用，能將營養份輸送到軀體各部門，使其身體功能表現健壯；同理，流暢持續的意見溝通，能使公司員工合作無間，工作順利達成。

2.企業管理運作上，意見溝通是一項必不可缺少之工作技藝。因爲藉由溝通能使人們相互共勉地一起工作，尤能使管理者與員工間維持良好的工作關係，並達成工作目標。

3.企業管理者在督導員工進行其工作時，良好的溝通可以增進員工的工作意願，提昇工作社會面與心理面的滿足感，使其充分整合於公司的工作情境中，並發展個人的企業生涯。

二、 組織溝通的重要性

意見溝通是現代公共行政與企業管理過程上的重要課題之一，它在機構運作上的重要性就像血液之於人體一樣重要，也像人的靈性與其軀體的關係一樣地重要。簡而言之，意見溝通的重要性有：

1.意見溝通是促進各機構（或其工作單位）內各級員工形成團體意識和提高工作效率必經的途徑。

2.意見溝通是機構（或其工作單位）完成工作的重要工具，也是增進員工對組織的了解和顯出合作行動的基礎。

3.意見溝通是各級主管人員對員工工作指派和獲取員工合作的有效方法，也是調適員工情緒和衝突的必備條件。

4.意見溝通是實現人羣關係觀念的具體步驟之一，也是滿足員工的心理暨社會需求的手段之一。

5.意見溝通乃是現代公共行政和企業管理的重要投資之一，也是行政協調的具體行動表現。

6.意見溝通是能使組織活動運作和員工之間人際關係建立的媒介，也是達成機構預期目標的一種方法。

三、人羣服務的溝通

現代工業社會中的企業管理，講究人羣關係知能之運用，以期謀求組織中良好人際關係，其採行的工具之一便是溝通，因為溝通是人與人之間意思相互交換的一種過程，溝通也是改變他人行為之先決條件。

機構之溝通正如人體內之血液循環一樣，能使人體活命和發揮其功能；否則卽會使體力衰竭，甚至生命休止一般。

有關的溝通對各種人道服務 (humanity service) 的重要性，愈來愈受到重視。因此，社會性的溝通 (social communication) 的體系，已被建立。社會性的溝通基本網絡有三：第一是「單對單」的社會性溝通，第二是「單對多」的社會溝通，以及第三是「多對多」的社會溝通 (Ruesch, 1978)

一個人對一個人的溝通 (one-to-one communication)，常見於兩個特定的人之間，這種情形乃指夫妻之間、母子之間、師生之間、醫師與病人之間、律師與當事人之間，以及企業人員與其所服務的對象之間的各種傳遞過程。

一個人對許多人的溝通 (one-to-many communication)，是發生在一些特有的場合，如於演講廳中的公開演講、在教堂的溝通、政治性集會上的宣傳、軍事場合的活動，以及其他各種個人的事項方式對其讀者們的傳遞工作。

許多人對許多人的溝通 (many-to-many communication)，是指

議會中一羣民意人士對公共行政執事者羣之間的會議、兩個競技團體之間的活動，以及社會運動團體成員與一些團體工作人員之間的意識傳遞工作等。

叁、組織溝通

任何一個機構（或單位）在日常執行公務或策略的作用過程，必須靠一些溝通體系以達到行政協調的效果。機構首長或單位主管對各種策劃和裁決要付諸實施之際，須經由機構的組織與分工的程序，始能使各單位員工採行同一行動和共同目標進行，而這種協調必須依循機構內的溝通體系。

機構內的溝通方式，乃以正式溝通為主，加上一些非正式溝通補充，以達成所需協調的事項與目標（經濟部專研中心，民六十九；李啟芳，民七十三）。

一、正式溝通

正式溝通（formal communication）可分為三種型態，即下行溝通，上行溝通以及平行溝通。

（一）下行意見溝通

下行溝通（downward communication）是指依機構科層體系和職權路線，由上級主管一級一級地傳遞給所屬的下級人員，包括命令下達，訊息提供，以及一些督導工作在內。因此，各級主管從上級首長的授命與授權之後，宜負起全責經由下行溝通方式向所屬部下說明和取得他們的合作。

一個成功的領導者必須使其所屬員工充分了解他們的工作方向、目標，以及準則，同時也要使他們了解員工之間的工作關係和協調合作，

尤其要激勵員工的士氣和團隊精神的表現，以達成行政的預期目標。

上級主管對所屬員工的下行溝通需求和內容尚見諸於以下的情況：當工作進行過程中，計劃和目標發生可能的改變時，很重要而不可忽略的主管的職責，是向所屬員工說明改變了什麼及其理由所在。

惟有如此，員工才會更能與主管合作，另外員工在工作進行過程中，難免會有摩擦或不和睦的事件發生，其中也有一些員工會毫無疑問的埋怨或發牢騷，負有督導責任的主管，面對此種情況，必須及時從中調適和溝通，進而使員工均能同心協力地以機構或單位的工作目標為前提之下，排除己見與同事合作。

如此漸漸發展的結果，員工們會感受到從主管學到不少可貴的經驗，產生工作滿足感或自我成就感，這些應有的功效均有賴主管對所屬員工們良好有效的下行溝通以達成。

下行溝通乃將意見由上層傳至下層，通常是由上級管理主管傳遞給執行階層的員工，這種溝通途徑雖然易於形成一種權力氣氛，影響工作士氣，也可能帶給部下一份沉重的負擔，甚至於由於曲解誤解或擱置等因素使訊息逐步消失等現象。但是，它仍然是機構內溝通的最主要途徑。那是因為下行溝通具有以下功用（洪良浩，民七十五；Maddalena, 1981）。

- ·協助機構達成執行目標，使各級人員對工作滿意和改進。
- ·增強員工的合作意識使員工瞭解、贊同，並支持機構所處的地位。
- ·有助於機構的決策與控制，使員工對任何改變能適應。
- ·減少員工對上級的不良感受和反應。
- ·減少利害衝突和意見分歧。
- ·促進員工對機構了解。

・啟迪員工的工作價值和發揮團隊精神。

有效的下行溝通宜遵循以下的原則: (1)各級主管人員採取主動的溝通態度, (2)各級主管宜先確認員工的眞實情況, (3)機構內須制訂完備的意見溝通準則, (4)各級主管人員須設法獲得員工的信任, (5)對各級所屬予以適當的授權, 以及(6)對所屬員工的溝通應以能激發其工作動機爲最終目標。

(二) 上行意見溝通

與下行溝通相對應的就是上行溝通了, 上行溝通 (upward communication) 是指機構或單位內的員工, 把其工作內容, 對工作的一些看法, 或個人的一些事項, 向其所隸屬的上級主管, 所作的報告或建議方式之溝通途徑。

原則上, 上級主管要會傾聽所屬員工所要說明的和建議的, 盡量不要以工作繁忙或沒有時間爲理由逃避與員工溝通的機會。

在一些情形之下, 主管須主動找些員工來會談以鼓勵和支持他們的工作, 同時也藉此發現員工在工作上的難題或失誤之處, 有效引導員工對其份內工作盡責和工作素質的管制。下情上達可以說是上下級雙方的事, 並且以雙方面溝通的方式, 使上下意見能充分而有效地達到交流的作用 (經濟部專研中心, 民六十九; 李啟芳, 民七十二)。

上行溝通的主要功用有:

・提供員工參與的機會。

・了解員工接受新工作的就緒程度, 驗證員工對下行溝通的瞭解程度。

・鼓勵員工對解決工作難題的創意和自我負責的態度。

・滿足員工的基本需求。

・調適員工工作上的挫折感。

‧實現民主方式的管理方法。

促成員工對上行溝通的充分功效，各級主管宜遵循的原則有: (1)平等對待部屬， (2)謙虛的接受下屬的意見， (3)指引員工由下而上溝通技巧, (4)與員工舉行工作座談會, (5)對員工的建議作適當的處理, (6)採取必要的配合措施（如諮詢、申訴）以使上行溝通暢順。

至於向上級表達意見時，作爲部下的也有一些宜遵循的準則，其中如與上司會談的五項職責。尤其自我內在思考把所需要說明的現象和表達的意見先有初步的思索，然後才表達。

中下層主管人員對上級更要能摘要及分析和提供上級一些解決問題的預擬方案。

（三）平行意見溝通

事實上任何機構或單位內的公務上的溝通， 除了上述兩種方式之外，尚須靠一些平行溝通，才能與平行的機構或單位間產生協調作用。

平行溝通（ horizontal communication）是指不相隸屬之各機構人員之間的溝通，或同一機構不同部門人員之間的溝通。它有時又稱爲跨越溝通。它運作於不同的指揮系統間，或地位相當人員之間， 故稱爲橫跨溝通 (cross communication)。

在機構組織中平行溝通包括四個層次，卽管理階層與機構外團體組織之間的溝通，上層管理人員之間的溝通，中層管理人員之間的溝通，以及基層員工之間的溝通四種。

平行溝通主要的功用有:

‧減除組織中由於延長指揮路線所帶來溝通速度和正確性之影響。

‧免除單位間事權和工作內容重複的弊害。

‧增進機構內員工間瞭解與合作，以提高員工社會的工作滿足和發揮團隊精神。

有效的平行溝通乃建立在以下的運作準則之上：首先，每一平行溝通者應事先獲取上級主管人員的認可，並且這種許可盡可能依機構中平行溝通的規範；其次，每一平行溝通者應把溝通的重要結果，與上級主管溝通。

二、非正式意見溝通

一個機構組織中除了上述正式溝通外尚有許多的意見溝通是經由非正式的途徑。非正式意見溝通 (informal communication) 是指與機構內正式意見溝通途徑並行使用的方法，它乃建立在人與人交流的社會關係上，也是一種非正式組織的副產物。

非正式意見溝通是透過傳聞、閒談以及社交來往中傳遞訊息。它的主要性是：順乎人類愛好閒談的習性，建立在員工的社交行為上，傳遞消息比較迅速，以及在無意中傳遞訊息能發佈任何時間和地點。

非正式意見溝通往往有四種路線或類型：即單串線、閒話線、機率線以及羣集線。

- 「單串線」的消息是經一長串的人而到受訊人，即甲傳乙、乙傳丙，再由丙傳到受訊人丁。
- 「閒話線」是由甲將消息告訴任何人。
- 「機率線」是靠隨機溝通方式，甲依機率傳給丁或戊，而丁或戊再傳給他人。
- 「羣集線」則是甲告訴某選定的人，再由此人傳到其他選定人。

非正式意見溝通有其積極的功能，即它可補救正式溝通意見之不足，它可幫助上級人員瞭解員工的真正態度，並發洩員工的情緒，它有助於傳送有用消息同時形成一種彈性和富人情味的快速溝通功效，以及它可減輕上級主管人員的工作負擔。可見非正式意見溝通所以必然存在

的理由。

　　然而，非正式意見 溝通的缺點或是消極功 能卻是不可忽視的。 其一：它不便管理和控制而易生曲解或混淆。其二：它以個人動機評斷常與組織目標不一致。其三：它易於受到機構中派系的操縱及危害。以及其四：它由個人動機可能造成錯誤的結果，而形成一種不負責任的謠言氾濫之結果。

　　爲了使非正式意見溝通對機構組織產生利多於弊，以下的作法必須受到正視：

【非正式溝通的秘訣】

- ・其一，在制定任何決策時，即妥加考慮傳聞的正負面影響。
- ・其二，在傳聞散播時，宜正視並進一步加以瞭解。
- ・其三，及時發表傳聞的人物並由他澄清或傳送機構所需發佈的消息。
- ・其四，設法循傳聞的路徑提供應傳遞的訊息。
- ・其五，區分無意訛傳者和有意捏造者，並作必要的處理。

肆、溝通的媒介

　　溝通是以語言、文字，或是其他的符號，以使內心的訊息能傳出去給對方， 同樣的接受訊息的 對方採行語言、 文字或是其他符號反應出來。因此，人與人之間溝通時最常使用的方法可以說是語言的和文字的兩種，其次才是姿態與圖畫（經濟部專研中心，民六十九）。

一、 口語溝通

　　口語溝通 （verbal communication） 也可以說是一 種面對面的溝通，即兩個人或團體中每一個人都有機會對其他人直接的反應。這種面

對面的溝通常被鼓勵充分使用雙向的，以及較能顯出澄清與合作的功效。

　　口語溝通的方式有：談話、演講、會議、諮商、電話以及傳言等。

【口語溝通的功能】

　　口語溝通有它的特殊功能：如費時少，不明白之處可卽解釋清楚，可使用手勢、語調，以及臉部表情解釋觀念，比較非正式化，影響力和說服力較強，比較富有人情味，以及可以立刻獲悉對方溝通的程度與內容。

【口語溝通的限度】

　　但是，口語溝通也有不可避免的缺點，限制了它的效用。這些缺點有：難以溝通財務和效率方面的內容，易於被曲解。若無記錄則難於長久保有其溝通內容，難以確定法律上的責任，以及重要性不如書面溝通。

【口語溝通的原則】

　　爲了使口語溝通更能顯出較大的功效，以下的原則常被認爲是重要的：(1)以誠懇的態度與對方談話。(2)探行客觀的語言談話。(3)使用平白話語使人普遍都能了解。(4)從同意的觀點開始談話。(5)保持一種肯定和積極的態度，以及(6)注意對方的面部表情並作適切的調適。

二、書面溝通

　　書面溝通或文字溝通 （written communication） 乃是一種比較正式的語言溝通，其使用方式有：機關報、手册、公文或文書、備忘錄、調查表、申訴書，以及建議箱等。

　　書面溝通的優劣點恰好和口語溝通有許多相反的地方，即口語溝通的優點乃是書面溝通的缺點。

【書面溝通的優點】

書面溝通的優點是: 精確一致內容傳遞所必需, 較正式化和權威性, 時間上的一律性和同一時間獲取消息, 對需記憶和學習複雜資料有助益, 可供日後參考之用, 能防止傳遞內容的被曲解, 以及它是評估意見溝通計畫重要資料。

【書面溝通的原則】

書面溝通乃是任何機構所必須使用的方法, 因此若能遵循以下的原則, 則其功效必佳。書面溝通所應遵循的原則有:

- (1)簡潔: 文字力求簡短、清晰明確、避免冗長和迂迴的措詞。
- (2)單純: 簡短語句和章節以求單純流利, 避免艱澀的文句; 語句間要密切連接, 關係部份不可分離。
- (3)有力: 以強有力的文句使人有深刻的印象, 尤要以具體用語和主動口氣表達, 避免曖昧不明之詞。
- (4)真切: 內容真實而關切, 指出對方錯誤時, 宜以誠懇和期許的用語及口氣, 切勿用冷言峻語欺壓之勢。

三、姿勢溝通與圖畫溝通

事實上, 口頭和書面溝通必須同時有良好的姿勢與符號配合。只有靠口語溝通和文字溝通, 是不夠的。

在任何一個辦公室內以一種文雅、溫和、誠摯以及莊重口氣與同事間交換意見, 尤其伴隨一些良好的非語言溝通如點點頭微微笑、皺皺眉搖搖頭比手勢示姿勢, 以及其他身體的動作, 也都是有效傳達我們對他人的意思, 有效傳達了解和反應之途徑之一。

伍、溝通的本質與特性

一、溝通

人類的溝通 (human communication) 使得人們能藉其思想和技能綿延不斷的傳遞下去，更藉由人類的溝通使某些人對更多的人們產生影響作用 (Ruesch, 1978)。

事實上，人與人之間的溝通是人類最基本的需求之一，它在現代社會中已發展成為人類社會中最複雜的文明活動之一 (Marcus, 1979)。

溝通的微視面定義是指:「一個人和另外一個人 (或兩個以上的人) 之間的理念 (ideas)、 資訊 (information)、 感受或感情 (feelings or emotion)， 以及態度 (attitude) 的傳遞歷程。 並且， 這種傳遞是經一些符號之達成」。

從機構組織面觀之，溝通是: 「組織內人際間之思想、觀念、看法與資訊、消息與情感等之交流的一種過程; 它也是人際間謀求共同諒解和行動配合的一種方法」。

溝通也是: 「訊息經由一人傳至另一人，而它雖不一定能為人所接納或相信; 但是，接受的一方必須要瞭解這個訊息」。

一般言之，良好的溝通是思想或訊息的交流，並獲致共同瞭解與信任之必要途徑。

二、溝通的五要素

溝通又稱為交流，是由英文的 communication 翻譯而成， 拉丁文的 communis 一樣，它的原義為「共同化」(commue) 之意。近年來臺灣社會中常使用的類似的用詞有意見溝通、意見交流，或簡稱為溝通或交流。其實，溝通可大致分為人際溝通 (interpersonal communication) 和組織溝通 (organization communication) 兩大類。

這種傳遞的情形常包括五種程序或要素: 卽首先必須有一個遞訊者 (an initiator)，其次要有一個收訊者 (an recipient)， 而兩者之間要有一個媒介體(a mode of agent)，經由媒介體把前兩者的訊息(messages) 相傳達，最後形成或產生一種傳遞的效果 (an effect)。

三、單向溝通與雙向溝通

溝通的方向有兩種,一種叫做單向溝通(one-way communication)，是發訊人 (sender) 獨自表達以求對方瞭解和接受其意思， 並照他的意思去行動。另外一種叫做雙向溝通 (two-way communication)，是發訊人和收訊人之間透過一連串的一來一往的意思傳送和交換過程，以達到溝通應有的功效。有時我們除了使用單向溝通以外並無其他選擇的餘地，如上級發佈命令和教師講解課程內容。但是，在許多的場合，若能盡量使用雙向溝通方式，才能眞正達到溝通所預期的目標。

四、直接溝通與間接溝通

溝通的結構可分爲兩類，一類是直接溝通 (direct communication) 是發訊人和收訊人面對面或其他直接接觸中傳遞訊息，尤其以直接的主動方式溝通，其效果爲良好。

另一類是間接溝通，也就是藉一些媒介傳遞意思 (如書面) 或透過第三者傳遞意思。一般說，前者要比後者能維持訊息的完整性和產生溝通應有的功效。

因此，愈來愈多的人重視直接溝通，如各國元首之相互拜會或高階層會議方式的直接溝通，又如機構首長或各級主管親赴工作場所察看和直接與所屬員工座談。 直接溝通有其多方面的功能， 值得吾人多加使用。

五、溝通的可能干擾因素

當你我想和另外一個人（或兩個以上的人）傳遞一些意念時，總希望對方能把我們的意思，原原本本或相當充分的接受過去，甚至能按照你我對對方的期待採行因應的反應或行動。

可是，我們常發現，事實並不那麼盡如人意。這主要的是由於人與人之間的意見溝通，通常伴隨著一些干擾的作用。

- 其一是：所謂物理干擾因素，比如一個人的生理狀態、時間因素，以及其他空間上的條件等。
- 其二是：心理干擾因素，比如每個人的認知架構的不同，心理防衛的影響，社會距離的隔閡，價值觀念的差別，以及各人的自我意念等。

六、溝通的心理過濾作用

另外，有些比較複雜的情形，可以發現由於「心理過濾」作用，一個聽話的人可能把說話的人的意思，聽成一些含糊不清的印象，甚至於也有誇大其詞或曲解原意的時候。

因此，我們必須經常敏銳的察覺與他人間的溝通實情。尤其，將人際溝通的原則與技術的靈活運用，也是有助於善加引導其團隊成員，使其朝向團隊合作與整合的工作習性；在治本上，各種專業的正規教育與在職訓練中，宜培養各團隊成員的團隊意識與工作習性。

本章參考書目

Albanese, R. (1982) *Organizational Behavior*: *A Managerial Viewpoint*. Chicago: Dryden Press.

Anthony, W. (1978). *Participative Management*. Reading, Mass.: Addison-Wesley Publishing Co..

Brawley, E.A. (1983). *Mass Media and Human Services*: *Getting the Message Across*. Beverly Hills, Calif.: Sage Publications.

Cook, T. & Russell, R. (1980). *Contemporary Operations Management*. Englewood Cliffs, N.J.: Prentice-Hall.

Galbraith, J. (1973). *Designing Complex Organizations*. Reading, Mass.: Addison-Wesley Publishing Co..

Joslyn-Scherer, M.S. (1980). *Communication in the Human Services*: *A Guide to Therapeutic Journalism*. Beverly Hills. Calif.: Sage Publilshing Co..

Maddalena, L.A. (1981). *A Communications Manual for Nonprofit Organizations*. New York: AMACOM.

Simon, H.A. (1976). *Administrative Behavior*, 3rd ed., New York: Free Press.

Zander, A. (1983). *Making Groups Effective*. San·Francisco: Jossey-Bass.

洪良浩主編: 《企業管理百科全書》。臺北: 哈佛企管中心, 民國

七十五年二月。頁 345-348，〈組織間的意見交流〉。

廖榮利：《行政協調與意見溝通》，公訓教材之三。臺北：臺北市公務人員訓練中心，民國七十五年五月增訂版。

經濟部專研中心：《意見溝通講義》。新竹：經濟部專業人員研究中心，民國六十九年。

李啟芳：《有效的溝通技巧》。臺北：中華企管，民國七十二年。

第七章　溝通⑵：交流分析

壹、人際溝通的概念

一、人際溝通與社會關係

人際溝通（interpersonal communication）是能使我們感受到自己的存在和價值，也是所有的社會互動和他人關係的關鍵。因此，它在我們日常生活上和工作上，均有其重要的貢獻。尤其，我們應能進一步確認，人際溝通的意義及其重要性如下：

1.人際溝通，是我們與他人間，建立關係和維持交往的一種有效途徑。

2.人際溝通，我們向他人推動意念和獲取經驗的一種良好方法。

3.人際溝通，提供我們與他人分享共同感受或看法，表示不同意見的一個機會。

4.人際溝通，能使我們減除個人的孤獨感，維護認同，以及體認生存價值。

5.一種良好有效的人際溝通，乃是我們與他人分享人性和人情味的最佳途徑之一。

二、人際溝通的程序

自我（內在）的溝通、非語言溝通，以及口語溝通，是人際溝通的

三個程序。如何促進我們與他人間的溝通，應該是大家所感到興趣和關切的課題。人與人之間的溝通，主要經過三種，卽自我溝通，非語言溝通，以及人際溝通。

【自我溝通】

自我溝通（intrapersonal communication），也是一個人的內在溝通，並且是一種最基本的溝通。因爲，沒有它，我們無法把自己所想到的，所感受到的，以及所企求的內在意念，向外界或他人表示或反應出來。

自我溝通旨在輸送我們內心的各種思考，感受，以及行動意念。因此，我們日常公務處理上，宜對自己內在意思加以整理一番，以備在必要的時候，以較適切的方式傳送出來給有關人員。

【非口語溝通】

當我們想傳遞內心的意念時，常會先經過一種非語言的符號，這種非口語溝通（nonverbal communication)乃是表示自己內在意識和他人接受訊息的兩種手段之一。

比如，我們與一起工作的人，或接受我們服務的民眾之間，輕微又親切的點點頭微微笑，或皺眉搖頭等，都在以非口語方式傳達我們的內在意思。

【口語溝通】

上述的自我溝通和非口語溝通，對人際關係產生直接的和具有深刻作用的貢獻。其中，自我溝通提供想溝通的內容，非口語溝通則把想表達的內容展開序幕。接著，使用語言向他人表達眞正的意思。如此，語言溝通和非語言溝通的連絡，卽形成所謂的人際溝通。

貳、人際溝通的基本態度

　　培養一種良好有效的人際溝通能力，是健全人生和滿足工作之必要途徑之一。人際溝通的秘訣無他，誠摯的待人，開明的思想，應變的態度，清晰的口齒，以及有效能的應對，均為值得我們共同努力的方向。

　　想要達到上述程度的人際溝通，須從兩方面著手，卽人際溝通的應有態度，以及人際關係的使用方法。

　　假如能抱持以下的基本態度，一個人的人際溝通將會順利展開。

　　（一）你千萬不要迫使一個人與你溝通，同時也不要太快和太容易放棄對他人溝通的希望。理由是，許多人均須有人去誘導他、引發他，以及鼓勵他，他才會去試著新的、不同的經驗。

　　（二）你要時時提醒自己「要放鬆心情」，別形成一種太強烈的溝通慾念，也不要操之過急。理由是當你如此做，往往會使對方敬而遠之。你最好採行一種緩慢、溫雅，以及關切的態度去接近對方。

　　（三）你也不可輕易灰心，尤其對方的反應顯得緩慢而使你感到乏味時。你要認識，有一些人不習慣從事有意義的溝通，甚至有的人對你所談的課題，不敢含糊對答的緣故。你最好給對方必要的簡明的解析。那麼，他自然會懂得如何和你開始溝通的。

　　（四）你要盡其所能的誠實對待對方，不過坦誠也就適可而止卽可。對人欠誠實的最直接的報應，就是一開始破壞了應有的良好溝通氣氛和溝通的進行。

　　（五）你不要採取敵對的態度，你心裏遇到不高興時，最好以緩和的口氣向對方表示，卽不致於干擾你與對方的溝通。切記！不可羞辱對方，嘲笑對方。因為，假如你這樣做，將會斷送一切溝通機會的。

　　（六）你要保持和發揮你的幽默感。因為，帶點人生哲理的幽默風趣，不只能留給人家好印象，並且，也會為自身儲備新機運和新展望。

叁、人際溝通的原則

上段所述這些基本的態度，會使我們為人際溝通定下良好的基礎，在這種基礎之上，進一步講究人際溝通的方法，更能使我們實現上段所述的人際溝通的應有好處。

以下的一些原則，被證實是促進良好有效的人際溝通的原則。

（一）你要先向對方作必要的說明，說明你想與他溝通的動機、理由，以及感受，之後才開始問對方的態度，以及打開溝通的序幕。

（二）你須經常妥切處理自身的內心感受。但是，這並非說，與人溝通不須重視理念與行為，而是說，忽視內心感受，難以產生真心的溝通。

（三）你要盡量敏銳的審覺你內心的感受，給予自己應有的回饋。即與內在的自己接觸，進而，把內心一些感受示知對方，以取得了解。

（四）你要善於領會對方的內心感受，並給予適當的回饋，即一方面細心傾聽對方，以了解對方；另一方面也藉此給自己回饋。

（五）當對方難以傳遞給你他對你的感受，甚或難以認清他自己的感受時，你要試著問他，並向他表示你所感受到的，或提示一些可能的情況，以讓對方選擇或肯定。如此，你與他的內心愈加接近，溝通也會愈發加深。

（六）你須多澄清和多肯定，少猜測和少裝懂。要記得：單靠事實依據的假定或不懂也裝懂，則容易造成誤會、曲解，以及謬誤的溝通。所以，你最好要求得真正的懂，似懂非懂時，把握機會問對方，並及時加以澄清。

（七）你要盡量避免問為什麼，而盡量問詳細。比如問:「是什麼?」「如何發生的? 」「何時的事? 」「有多長或多短的時間? 」等。

就是要盡量少問「爲什麼」的問法，因爲它容易使對方感到被質問或指責，至少也會使對方感到不知從何處說起之苦，也可能就如此中斷了繼續中的溝通。

（八）你要切記一件事，那就是溝通中話語顯得激烈不適當，以及太焦慮狀態時（單方或雙方）；那麼，最好及時中止與休息，別等到不可收拾的地步，才不歡而散或難以找到補救溝通的機會。然後，才預期可能的妥協或突破溝通的機會。

總之，人際之間的溝通要靠不斷的演練，熟能生巧，以上的各種方法，要多付諸行動表現，做得多了，就自然發覺與他人的溝通，不但通暢，並且還能使你和對方感到有行政協調功效的。

另外，我們必須對溝通行爲有一系統的認識，並把握住人與人之間溝通的原則與技術，才能成爲一個能適切表達自己的意思和善於領會他人的意思的人。

尤其在工作場合，有效的溝通一個人才知道自己該做些什麼和如何去做，並進一步回答問題和解決問題，獲得回報和評量成果。

肆、交流互動分析理論

交流互動分析理論是由英文 transactional analysis theory 翻譯而成，簡稱交流分析。臺灣近年來對此種理論開始重視，並運用於各項人羣服務中。與交流分析同步使用之名詞尚有溝通分析。

此種於一九二○年由美國心理學家愛力克 · 伯尼（Eric Brne）創立的理論，其簡意爲：

· 交流分析是一種人格的理論與方法，其目的乃在於分析、測知，以及改正（個）人的行爲(Coburn, 1987)。

· 交流分析探索人們互動過程中的狀態，並謀求改善人際互動方

式，以達成更令人感到滿意的社會人際關係。

伯氏早先試圖藉由對人格結構的分析，以解釋何以採行其個人獨特之思考模式、感覺內容，以及反應型態。弟子們繼伯氏之後將此種理念發揚光大，成為一種比較完整的人格理論以及一種社會干擾和心理治療的知識體系。治療人們（curing people）一直是伯氏的衷心志向。

在治療性社會工作的領域裏，交流分析是一種外借理論，它提供社會工作者對情緒暨人際關係之功能的尊重，一種洞察本身自我狀態，並調整其成為與人互惠性滿意的新的互動經驗。因此，社會工作者對交流分析的（人格）結構分析，所建構之三種自我狀態（ego states），即父母、成人以及兒童的自我狀態，將其通俗化地稱之為父母性格、成人性格以及兒童性格。

伍、父母性格、成人性格，以及兒童性格之特徵

父母性格、成人性格以及兒童性格之特徵有:

（一）父母性格之特徵

· 它是權威的、指導的、由上而下的;

· 它是指使的、發號施令的、壓制的;

· 它是刻板的、偏執的、批判的;

· 它是慰撫的、溺愛的、保護的。

在日常生活與工作上，一個人假如習慣使用上述口氣或話語，那麼，他（她）是以父母性格與人溝通。孩子還小的時候，做父母的使用此種口氣，有時是必要的、自然的，不致於有太大的問題發生;但是孩子逐漸長大後，便不適合使用父母性格，因為即是不明智、失功能的，何況還會帶給子女不良的影響。

在軍紀嚴厲之制度下的正式場合，機構管制嚴密的工作場合，上司

對屬下有時須以肯定帶權威的口氣指示事項，父母性格的表現是有其必然性和不可抗命；但是，假如主管過份使用此種溝通的結果，便會違反人羣關係的原則，對員工的工作士氣恐怕會負面多於正面的。

（二）成人性格之特徵

成人性格可以說是一種自然狀態，它是一套感覺、態度以及行為狀態之獨立系統。成人性格的特徵：

・它是成人的、成熟的、負責的；

・它是理性的、智慧的、應變的；

・它是同理的、講理的、順應對方的；

・它是客觀的、可測知的、可信賴的；

・它是實用的、適應的、互惠的。

成人性格的上述特性，可以說是人人均會隨年歲增長，而在行為上充實與增強的；它也是人人均應致力於自我充實和進步中求進步的。成人性格的上述多項特性，是做父母、做主管，以及做好友的人，要隨時試著去意識到和行動化的，如此才能使一個人在日常工作上和生活上，宜人宜己、滿意和效能化的。

（三）兒童性格之特徵：

・它是好奇的、好問的、貪玩的；

・它是聽從命令的、順服的、被動的；

・它是任性的、情緒化的、稚氣的。

此種孩子氣的表現，使一個人易於感情用事，率性而為，撒嬌耍賴等，這是成人社會或趨向成長過程中所不被歡迎、難以被接受的。也就是說，假使你慣於使用兒童性格，與旁人互動的結果，其建設性受到限制，甚至會帶來不可避免的困境。

（四）三者之互補作用

一般言之，絕對的父母性格、成人性格、兒童性格是在實用上難以存在的。三者是經常在一種互補作用，且隨時空與人物之不同而其比重上有差異；三者是每一個人、每一個家庭以及每一組織中，人際關係裏隨時並存的人格特性。其實用上，至少可以看出：

・父母在孩子小的時候，當然會使用其父母性格來指導其子女。

・丈夫在優越之處難免會使用其父母性格來對待其妻子。

・妻子在其發揮母性時，不自禁地會使用其兒童性格來頓化丈夫。

・可是，當子女長大了，父母若是仍然執意使用其父母性格或兒童性格，或是夫妻若是使用父母性格或兒童性格，則或許就會開始產生摩擦了。

因此，吾人必須進一步確認：父母性格有正面和負面之分，兒童性格也有正面和負面之別。所以，你我明智之舉乃是：視其使用之對象和情境之不同，將三者做適切的選用和調整。

不論怎麼說，使用三者來檢查自己和別人的態度，無論在家裏或在機構，你均會一目瞭然其實際狀況；而最簡單的「家庭」組成，便是你這三種性格最基本的練習場所；至於工作場所中的人際關係，也就要看個人的造化了。

當主管的，須重視成人性格，表現出主管的理性、客觀，以及負責的態度；肯定「正性父母性格」和「正性兒童性格」之價值，恐怕也是當主管的展示你的個人主見、感性，以及幽默之一面了！

陸、溝通模式

一、互補式溝通

甲: 現在是什麼時間?

乙: 現在是十點半。

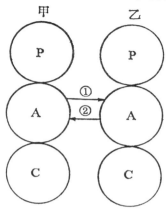

二、交錯式溝通

甲: 現在是什麼時間?

乙: 看你老是迷迷糊糊的。

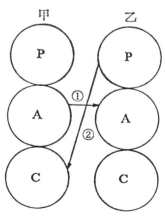

三、暗藏式溝通

甲: 唷! 時候不早了!

乙: 是啊 !我該動身了!

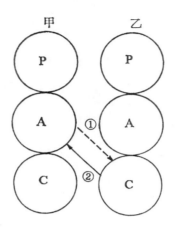

本章參考書目

Albanese, R. (1982). *Organizational Behavior: A Managerial Viewpoint.* Chicago: Dryden Press.

Baskin, O. W. (1980). *Interpersonal Communication in Organization.* California: Goodyear Publication.

Berne, E. (1970). *Transactional Analysis in Psychotherapy.* California: Sciences and Behavior Books.

Huseman, R.C. (1976). *Interpersonal Communication in Organization: a Perceptual Approach,* Boston: Hebrock Press.

Woodams, A. et al (1974). *Transactional Analysis in Brief.* Michigan: Horow Valley Institute.

洪良浩主編: 《企業管理百科全書》。臺北: 哈佛企管中心,民國

七十五年二月。頁 345-348 ，〈組織間的意見交流〉。

廖榮利：《行政協調與意見溝通》。公訓教材之三。臺北：臺北市
　　公務人員訓練中心，民國七十五年五月增訂版。

廖榮利：〈交流分析與服務態度〉，《公訓報導》。臺北：臺北市
　　公務人員訓練中心，民國七十八年五月。

第八章　公共關係

壹、公共關係與人羣服務

一、公共關係的基本概念

公共關係(public relations)乃是機構組織一種經營管理功能，它藉由雙向溝通以銜接服務提供者與服務受益人之間的需求與利益 (Dunn, 1987)。因此，公共關係是互惠性的，互利性的，以及推展化的服務活動。

公共關係是指尋求或容易受到社會注意的實體同對該實體感興趣或可能感興趣的公眾之間的情況交流。該實體可能是政治家、演員、作家、企業、政府部門、慈善組織、宗教團體或其他個人或組織（《大不列顛科技百科》，民七十五）。

公眾的範圍可廣、可窄；可指某一政黨的 35～50 歲之間的女性選民；　也可指某國的全國人口或整個世界的人們。　公共關係公司是中間人，可在稱為顧客的實體和有關公眾之間起作用。使顧客瞭解公眾對其看法是公共關係的要素之一；向公眾傳遞顧客的信息時，要用壓縮、擴充等辦法以影響公眾對顧客的理解，加強宣傳的效果，這也是公共關係的要素之一。

二、公共關係的起源與發展

公共關係這一名詞是在二十世紀創造使用的，而公共關係的歷史卻

和人類相互交往一樣悠久。在近代，公共關係常被批評家當作欺騙和坑人的詭計。十九世紀初，美國報紙流行在消息欄內刊登友好的評介以酬謝登廣告的客戶。這種「免費宣傳」的陋習，使設計這一類評介的「編輯部」大量產生。 到二十世紀初， 紐約及其他大城市 中宣傳代理人充斥；他們大都是「免費宣傳」的新聞記者，知道寫動人消息的要素，隨心所欲地發揮想像力。

後來英、美政府機構開始雇用宣傳人員。在美國每個國會議員至少可有一名領工資的新聞秘書。一九二四年英國帝國交易局開始利用大規模宣傳以促進貿易。該局辦到一九三三年，一直被稱為「政府公共關係部的原型」。如同美國一樣，第二次世界大戰期間英國政府各部都任命有公共關係局長。

二次大戰後大大重視公共關係，十年之間，幾乎所有政府機構都建起公共關係班子；更重要的是，公共關係已被公認為企業管理不可缺少的工具，甚至已成為那些受到或可能受到報紙、廣播之類宣傳工具重視的任何組織的主要組成部分。但是公共關係的技巧（或技藝、訣竅、藝術）過去和現在都沒有可一致接受的簡單的定義。

三、 公共關係的途徑

宣傳工具的形式繁多而複雜化就是原因之一。宣傳工具有報紙、雜誌、廣播、電視，還有各類團體和各種宣傳節目發行人的出版物，各式直接郵寄的目錄單等等。一家經營能力強的公共關係企業是要製造和維持有利氣氛，以推銷顧客的產品或勞務。這包括同商人和銷售者保持良好的關係，把產品宣傳送交合適的、可用的宣傳工具辦理。這也包括利用容易閱讀的文章，向有關的貿易或工業團體傳播信息。

金融上公共關係包括有同本公司股東的關係和同一般投資人的關

係。在很大程度上，公共關係工作是充分利用好消息並阻止和防備壞消息。但當災難落到顧客頭上時——如飛機失事、礦場爆炸等，公共關係顧問的任務是同法律顧問磋商，要注意估計形勢和損失、收集情況及必要的背景材料，並注意為新聞界提供這些材料和回答問題。當顧客遭到攻擊時，公共關係的責任是組織顧客做出反應。

四、公共行政上之運用

有人認為公共關係還應包括有：政府關係（向全國、地方各級議員遊說）、工業關係（即勞資關係）、雇員關係和顧客關係。在城鎮裏，社區關係是個重要成分。在企業管理專門化的時代裏，公司管理人員往往不是特別能幹的演說家或有才華的非商業語言作家，因此將他們的知識翻譯成為非專家們所能理解的演講，或外行讀者能瞭解的文章，也是公共關係的責任。

事實上，公共關係的主要責任可概括為闡釋——為顧客向公眾闡釋，為公眾向顧客闡釋。這一行業從第二次世界大戰以來一直很興旺，很早以前，廣告商同公共關係無關，現在世界上許多大廣告商都設有實力雄厚的公共關係部。

許多學院和大學不僅開設公共關係課程，還設立了這項專業。波士頓大學首先在一九四七年設立公共關係學院，一九六四年改名為傳播學院。

貳、公共關係的本質與特性

一、擋不住的趨勢

今日社會裏的公共關係與企業人士，均會體認到的一項事實是：在

一個講究形象包裝及推銷技巧的現代社會中，「公共關係」扮演了愈來愈重要的角色，舉凡一項政策的推行，一家工廠的設立或爭議問題的處理，在在都需要受過專業訓練的公關人員或專門從事公關工作的公關公司的協助。

何以公關工作會如此受到重視呢？通俗化的體會是：公共關係的工作類似化妝師或者潤滑油。它的工作是美化、是協調、也是效能化。

然而，在熱衷於公關神奇功效同時，吾人也須注視到的課題是：在其工作的運作當中可能產生倫理性的衝突。如果一個公關公司或人員的僱主所從事的計劃或政策是對社會及環境有所危害時（如高污染的工廠、危險性高的核電廠）公關公司或人員的決定從事或不從事便是對自身的倫理要求有關了。因此，公關公司或人員的道德倫理標準也就決定了他們是否考慮接受該項工作。此種考慮的角度端視個人企業社會責任的認知程度而定了。

至於公共關係與道德倫理及信譽的關係如何？它是否有一個明確的倫理架構可讓從事公共關係的人員或公司來遵守？若有，則它的規範性有多高？這一些都是值得思考及探討的，假如把倫理也納入公關之考量的話。

二、從公共關係的定義之啟示

公共關係尚欠代表性定義能使大家皆能接受，根據一九七五年公共關係研究及教育基金會所提出的對公共關係的定義如下（PR, 1979）：

公共關係是一種獨特的管理功能，它可協助建立及維持一個機構與其大眾間的互相傳播、瞭解、接受，以及合作的管道；包括問題或爭議的處理，協助管理當局對民意保持靈通及採取適當反應；詮釋及強調管理當局順應有效地利用變遷中的環境，擔任早期預警系統角色，協助預

測未來趨勢；以及研究工作與健全與道德的傳播技術爲其主要工具。

另外，國際公共關係協會於一九八七年首次世界大會中界定之公共關係定義爲：

公共關係業務是一種分析趨勢的藝術和社會科學，旨在預測趨勢的結果，向各機構領袖提供建議，並推行對該機構及其大眾皆有利益、都有幫助的計劃性行動。

一項比較理論結構取向的公共關係定義，是傳播學者馬斯頓 (John Marston, 1988) 所提出的觀點，他認爲公共關係是傳播行爲研究、行動、傳播，以及評鑑之過程。

從以上各種不同對於公共關係的定義可以歸納出公共關係的功能在於處理大眾和某一特定機構之間的關係。其角色是資訊的傳遞者。

三、公共關係的歷史沿革

在此值得說明在先的是，介紹公共關係的歷史沿革的目的並非只是過程的交待而已，更重要的是在這過程當中從公共關係理念的變遷，體認其眞諦。

公共關係最早可追溯至紀元前一八〇〇年前的巴比倫，當時基於富農卽富國的觀念之下而以石牌刻字介紹有關農耕的最新技術，故其公共關係的目的在於促進農民和國家二者之間的共同利益。是有利他與公益的理念的。

（一）從公益到私利的公共關係

古希臘羅馬人們延攬具有辯才的詭辯家來影響選民的投票和對戰爭的支持，是一種爲民謀福祉之理念。

在二十世紀前的美國，公共關係乃受到三個特定人物的影響甚大——亞當斯 (Samuel Adams)、肯道爾 (Amos Kendall) 和巴諾姆

(Pbineas T. Barnum)。他們三人展現了三種不同的典型。

- 亞當斯是美國殖民地時代的革命份子，他籌組了類似通訊社的機構來傳播革命熱潮。
- 肯道爾則為傑弗遜總統的助手，他則為他的雇主包攬了公共關係的工作，從演說稿到發佈新聞，甚至他也為美國政府發展出自己的報紙。
- 巴諾姆則為另一個典型，他的目的是賺錢，手段則為大膽的宣傳，他的箴言是「讓大家受愚弄」（以使企業體獲得至大利潤）。

（二）管制性公共關係之考驗

二十世紀由於大眾傳播媒體對一心只求賺取財富，而不關心改善一般社會的大眾生活的工商業界人士興起了「耙糞運動」。美國的工商業界為自保，為辯護，曾以收買或其它的方法企圖掩飾真相。但都為大眾輕易看穿。這造成近代公共關係之父李艾維氏的文義之舉。

李艾維氏 (Leivin, 1965) 的主張：企業界人士若想獲得大眾接受及瞭解，其秘訣是「讓社會大眾耳目靈通」，是以誠實、精確而強有力的解釋自己（而不是虛誇）。

另一公共關係的先進是勃納斯 (Edward Bernays, 1923)曾在一九二三年起，於紐約大學開設了「公共關係」的課程，自此之後公共關係教育便在美國順利發展。至一九八〇年以後，關於公共關係這門的專業知識已成為學術研究的主要領域，且日益受到重視。

足見公共關係之成為一個學門，其變遷與塑造過程，有其理念與倫理面之考驗，以及理論家的正視所得的成果。

叁、公共關係的倫理與道德

一、倫理

所謂「倫理」（Ethics）按《牛津字典》上面的解釋爲：「引導人的道德規範」。另外在《大英百科全書》上針對倫理學的解釋則爲：

倫理學是分析、評價以及發展規範的道德標準，以處理各種道德問題。

古希臘文和拉丁文中，倫理學和道德都指習慣或風俗。但是個人或團體的倫理學或道德卻不僅僅在於他們依照習慣或風俗行事，它也在於認定如此做是適宜的、正當的或必須的。

事實上，道德包含著一種不可避免的規範因素。一個人可以不經過任何反省的思考而作出習慣的行爲，但倫理學總要涉及到對該行爲的反省的評價或處置。

憑心而言，在現實的生活中，有關倫理的問題並非預期中的單純。雖然倫理的問題是每一個人無法逃避的問題。因爲就算是一個人決定他不要受外在力量的約束（所謂外在力量乃是由習俗、信仰、文化所加諸於人的倫理性制約），他的選擇仍是倫理性的，只不過他是採取反面的行動而已。

到底一個人要接受什麼樣的倫理，其規範性到什麼樣的程度，都是因人而異的，其標準化之不易也就可想而知了。

二、倫理的相對性與複雜性

倫理問題之複雜性可以從以下問題看出：即能否找到一個可讓我們一致遵循的準則。所謂的規範或標準又根據什麼樣的理由可以確認是正確的呢？一個人又根據什麼樣的理由來判別善惡呢？

爲了嘗試回答上述問題，其努力結果也就建立了不同形式的倫理

學，例如功利倫理、實證論、主人倫理、動機倫理、存在主義，以及個案倫理等。其實，倫理本身也受到文化和時空差異的影響。例如，中國古時溺殺女嬰的風俗在現代的社會當然不被容許。愛斯基摩人招待客人的方式則是，讓其妻子與客人共眠。這種風俗在臺灣一定被認爲是破壞倫常且不可思議的禁忌。

除了倫理的各種面貌，倫理尚受到時空及文化的影響之外，倫理尚需受到個人主觀意願的選擇。例如一個人選擇不受任何外在力量的影響便是一例子。個人自主性對倫理的挑戰是不可避免的。

從比較而非絕對性的觀點來說，除了上述有關倫理的複雜性以外，倫理本身也是相對性頗強的，倫理的相對性來自文化、時空的限制。因此，到目前爲止並無一套可以放諸四海皆準的倫理出現。倫理本身此一特性，影響其在公共關係上之約束力，也是不難理解的。

三、公共關係與道德倫理的關係

（一）倫理道德對公共關係的規範性

吾人論及規範性時便意味著有一點強迫性在內，而此種強迫性的力量乃來自賞罰（最惡劣的情況）或自我的約束。對於公共關係的從業者而言，是否有任何的力量能對他們產生規範性的效果呢？如果我們的答案是類似協會或公會的組織利用行政的力量約束其會員，那麼我們只回答了一半。誠因每個在從事公關工作的從業者皆是協會的會員，甚至在這些人員當中有許多是非正式的。這也就說明並無良策能利用機構的力量，來對所有從事公關工作的人員產生制約性力量。這是公共關係倫理之另一限制條件。

（二）公共關係的道德倫理

對於一個公共關係的從業人員而言，他對道德倫理的認定的寬嚴是

有很大差距的。對於認定較寬者而言，它的標準線在於法律（卽只要在不觸犯法律的）原則之下，任何的行為都是可以的。也因此，當一個如此的公關業者在作決定時，道德倫理自然不會放在考慮的範圍。對於一個對道德倫理認定較嚴者而言，它的決定要考慮企業良心、道德倫理，以及信譽等諸多層面的前提與後果。

整體言之，有關公共關係道德倫理的關係是自願性的重於強迫性的，並且到目前尚無一個清楚的一些倫理性規範來做為公關的一種倫理規條。可是，卽使如此，導向公關倫理的主張與努力是不可忽視的。

肆、公共關係道德倫理之運用

一、現況分析

談到公關倫理之運用，首先必須檢視現況。有關公共關係中的道德倫理之必要性已如上述。然而，吾人是否眞能在現行體制中運用？吾人似乎無法獲致過於樂觀的答案。因為，我們在現世所看到的是，似乎公關中的倫理道德大多由個人為出發點，它幾乎是個人的倫理道德，於是乎，行其道貴在其心般地，並無一個公認的規則讓大家遵行。

但是，事實上並不盡然，相反地，愈是不易輕易運作，吾人更須不斷地找尋一個可追隨的大原則。因為，畢竟倫理是重要的。

二、職業倫理的向度

究竟，一般社會大眾所認可的倫理道德價值為何？廣泛面所指的又是什麼？執行時的地域問題以及其所可能牽涉到的價值又如何？是否人們會常將使用自己的一貫價值去加諸別人身上，而忘卻去瞭解是否有差距及其差距又為何等，均須進一步思量的課題。

通常，在價值觀不相同及作法不同時，易於衍生出不良的溝通與不必要的傷害。這是因爲公關中所涉及的「人際關係」與企業行政管理中的事物略有不同，人的感受與反應是難以正確預測的，以套方程式行事的，其跳動起伏是相當大的，變數也相當多。對此，如何採行制度及權變之宜，實應深入研判的，並提供足夠的資訊以因應，以共商對策，作爲明智的處事之準則。

三、媒體之運用

採用多元媒體是共同的作法，其中包括文字、廣播等。

1. 文字方面：

設計形象單張、海報，其中不外乎參與公益廣告或產品自身的推銷或贊助等活動資訊，或如出版刊物，包括通訊、雜誌、書籍……等。

2. 廣播、聲效：

利用電臺、電視、公共節目等打好形象，支持有關倫理道德之內容。

3. 訓練活動：

安排演講、訓練營、工作坊等，培養更高的團隊合作之精神，鼓勵倫理道德之提昇（包括記者會）。

4. 確實做好訓練上司：

使上行能下效，交待好公司的倫理價值觀之大原則，是屬於溝通的管道，也可開早餐會報……等有自由的時間，使上下互相支持、了解運作倫理之大原則。

四、使用技巧

教導人們如何防止無謂的傷害，進而實現公正之法則或應變的原

則，下述「十誡」與工作守則有其獨特的功效的（施寄青，民七十六）。

（一）十誡

這些是教導我們公關中絕對不可做的技巧，也就是禁忌。這十誡分別是：(1)說謊。(2)過濾（新聞、稿件……等）。(2)宣傳（作秀式）。(4)應一視同仁，不可對大小報不同態度。(5)賄賂。(6)施壓。(7)中傷。(8)駁斥。(9)挑撥。(10)抵制。

以上有助於建立個人或公司正直、坦率、有益以及正確的形象及信譽。

（二）八項因應策略

當我們受到反擊時，所需注意的事有下列八項因應策略：

1.當外界批評時，要思考其批評的來源？其理由？其價值必要作何解釋？團體需負何種責任？以及須挺身而出與否。

2.三思而後行。

3.儘可能以客觀的態度研究抨擊的內幕。

4.採取大家共同研擬的應對措施，應有一致性。

5.在發表任何公開聲明以前，先將事實和你的立場告知支持者或朋友。

6.遇衝突時切記要冷靜。

7.與批評者會商其衝突之因，並謀求解決方法。

8.以批評作為建設性的改善工具。

採行上述方式因應之，中心思想乃是不要擴大火焰，儘可能緊縮範圍，並以公正的態度對待攻擊之來源。

（三）公共關係專業人員守則

美國公共關係協會採用本公共關係專業人員守則以提高公共關係服務水準及要求其會員一體遵行。因此，本會會籍可以代表道德行為的標

誌；公共關係可以得到重視爲正式職業；公眾對公共關係的誠信有更大信心；而公共關係的實施可以最符合公眾的利益。下面是本會的會員守則（崔寶英，民七十五；Dunn, 1987)：

1.本會會員對過去或現在的客戶或主顧，同會各會員，以及一般大眾，都要有公平相處的責任。

2.本會會員在從事專業的生涯中，所作所爲必須符合大眾的福利。

3.本會會員有肯定的責任遵守公眾接受的準則、真理和高尚的品格。

4.本會會員不得同時代表利益衝突或互相競爭的兩方，除非事先能將全部事實公開並得到有關方面同意的表示。

5.本會會員必須爲現在或以前的客戶或僱主保守秘密，並不得接受可能涉及透露或使用此種秘密，以致此等客戶及僱主蒙受不利或偏見的任何聘僱。

6.本會會員不得從事任何足以敗壞正當公眾溝通管道的行爲。

7.本會會員不可故意散佈虛假或誤導的資訊，並有責任以慣常愼重的態度來避免這種作法。

8.本會會員不得利用任何機構表面上以某種目標爲宗旨，實際上只秘密爲另一會員、客戶或僱主的個人或特別利益服務。

9.本會會員不得故意傷害另一會員的聲譽或業務。如果某一會員持有證據，足以證明另一會員不道德行爲、違反法律或不公平的做法，包括違反本守則時，該會員可以把全部資料交本會有關主辦人員，根據附則等十三條的程序採取行動。

10.本會會員不得採用任何可能損害另一會員的客戶或僱主，或他們的產品、業務與服務的辦法。

11.在爲客戶或僱主服務時，除非得到他們的同意並將全部事實公

開，則除了客戶或僱主以外，不得接受他人所付費用或佣金或與對其服務的酬勞。

12.本會會員不得對可能成爲客戶的對象或僱主建議以達成某種結果爲收費或報酬的條件，也不可根據此條件來簽訂任何收費的協定。

13.本會會員不可侵犯另一會員受僱的專業，除非雙方保證此工作並不衝突，並且雙方隨時通知談判情形。

14.本會會員如受某機構聘僱，而繼續工作將違反本守則之規律時，卽應盡早與該機構脫離關係。

15.任何一位會員如被召到執行本守則的審議會作證時，必須出席，除非有充分理由得到聽證小組的同意才可免出席。

16.本會會員應與其他會員合作，共同支持和執行本守則。

上述守則爲今日從事公共關係者提供一個良好的道德規範。此外，它也給各機構聘僱對內公共關係人員和外界公共關係顧問的一個清楚標準。

本章參考書目

Brawley, E. A. (1983). *Mass Media and Human Services*: *Getting the Message Across*. Beverly Hills, Calif.: Sage Publications.

Burger, C. (1982). "Ethics and Real World," *Public Relations Journal*, 4(1982).

DeLoache, W. F. (1976). "Public Relations: A State of Mind." *Social Casework*, 57(7), 432-437.

Dunn, S. W. (1987). *Public Relations: A Contemporary Approach*. Madison, Wisconsin: Richard D. Irwin, Inc..

Elkin, R. et al.(1984). *Management Indicators in Nonprofit Organizations*. New York: Peat, Marwick, Mitchell & Co.

Goodsell, C. T.(1983). *The Case for Bureaucracy: A Public Administration Polemnic*. Chatham, N. J. : Chatham House.

Lynn, L. (1981). *Managing the Public's Business: The Job of the Government Executive*. New York: Basic Books.

Levy, C. (1982). *Guide to Ethical Decisions and Actions for Social Service Administrators*. New York: Haworth Press.

Michael, L. R. (1982). *Advertising and Communication Management*. Englewood Cliffs, N. J. : Prentice-Hall.

崔寶英等譯: 《實用公共關係學》。臺北: 世界書局, 民國七十六年五月。頁 417-419, 〈公共關係人員專業守則〉。

施寄青譯: 《公關守則》。臺北: 遠流出版社, 民國七十六年八月。頁203-212。

第九章　個案管理

壹、社會服務之輸送體系

一、經營藝術取向之社會服務輸送

【李總統登輝之經營藝術觀】

　　視服務輸送為「經營藝術」是臺灣地區逐漸受到注視的蛻變中新理念。在「都市經營的概念及意義」（李登輝，民六十九）演講中，李總統以其當年擔任臺北市長時，在全國科學管理學會邀請發表專題講演時指出：

- 「都市經營」一詞係來自「都市行政」的演變。「都市經營」的概念，係針對每一都市，改革不好的，創造並建立新的、好的事務關係，以解決市政問題，是一種積極的市政觀念，不是要用來「管理老百姓」，更非用於敷衍塞責。

- 「都市經營」的兩大課題是：一是都市經營要有效率，二是都市經營在求增進市民的福祉。要成為優秀的都市經營者，須具備「兩種精神」和「三種能力」；前者是指：實務家的做法、藝術家的做法。後者則指：崇高的理想、規劃的能力，以及管理的能力。

　　李總統早年所提出的市政經營和理念，對於公共行政體系部門的社會行政，也是重要的社會行政理念。換句話說，各級社會行政首長、

主管，以及人員，要以民眾福祉為前提，並要強調社會行政的運作效率。

負責決策與督導階層的社會行政主管暨督導人員，更要自己以身作則與督導所屬員工，一方面要以實務家的做法，務實且儘速辦事；及以藝術家的做法，樣樣工作必達完美之境界；也就是要有遠大的眼光與全盤考慮的周詳計畫。

另外，他更須具備崇高的理想，以提高工作層面，邁入新的境界；他要有規劃的能力，以建立凡事預立不廢和臨危不亂；他要有管理的能力，將人、事、物支配得有條不紊，以充分發揮團隊精神。

二、社會服務經營管理

社會服務經營管理（social service management）的觀念，是新近受到重視的一門課程，也是實施的新取向。

把現代科學經營管理的概念，運用於政府社會福利暨社會行政，以及民間社會服務事業，愈來愈受到視 社會福利為一種制 度化人羣服務（institutional human service）之人士所重視。尤其，社會工作專業人員和社會行政人員，在其受僱於公私立機構組織中，提供社會服務受益人（social service recipients）各項服務時，循社會服務經營管理的原則去執行其業務，將能更為符合成本效益和服務素質保障之功效。

近年來，社會福利事業（social welfare enterprise）受到管理科學（management science）的影響，更加強調社會服務方案管理上之探究，尤其機構的組織型態，行政的動態程序，社會資源與行政支持等，形成社會服務方案設計與執行人員和第一線社會工作專業從業人員之關注。因此，社會服務經營管理便成為類似企業管理上的一門重要學科，稱之為社會服務方案設計，社會服務經營管理，以及社會服務經營藝術

等。

　　重視科學管理 (scientific management) 和經營藝術 (management art) 的公私立社會福利機構及其社會服務運作，其重視一方面在於維持社會福利機構的權責估量 (accountability) 水準，以達到方案之效率與效果；同時，其致力於訓練每一社會福利工作者成為中階層管理者(middle level management)和臨床管理者(clinial management)，以負起社會行政與社會工作技藝之督導責任。

貳、個案管理

一、個案管理與人羣服務

　　在 《個案經營管理在人道服務之實施》 一書中，該書作者梅依爾 (Meil, 1985) 曾倡導：「從事對社會服務個案之專業服務時，宜善加發揮協調與可估性之功能，以周全性與效率化地切合案主之最大可能的福祉，是社會工作者與社會行政人員之最主要顧念」（廖榮利，民七十五）。因此，就是一位從事微視面社會工作，提供直接服務的社會工作者，也必須體認與篤行個案經營管理之藝術，才算是一位當代有效能的社會個案工作者。

　　簡言之，社會服務經營管理的實質功效，是整合於社會福利機構科層組織與社會福利方案以下各項程序之上，卽人員招募與人事管理、組織結構、行政與動態程序、生產與服務之生產力、營運與服務效果、組織之研究發展、財務管理、辦公室設計與使用，以及方案規劃與管理等方面。

二、個案管理與社會工作

個案管理（case management）是近年來在人羣服務輸送體系， 所特別受到重視的一種理念與方法。因為，隨著講求經費受制的案主服務之概念的結果，使得 「個案管理」 的主張在健康照護中， 已逐漸被運用。

米勒（Miller, 1985）曾檢視何為「個案管理」外，也提出了一些引起行政工作人員爭議的問題和它發展的趨向。另外，面對日益龐大的服務輸送系統，社會行政工作人員應採取何種策略和行動來因應，米氏也提出了一些看法。

「個案管理」一詞對於從事心理衛生及知能障殘領域的社會行政工作者而言，應該是不會陌生的。而將此觀念應用於健康照護中則是最近的事。雖然它強調經費控制，而形成多數個案獲益；但事實上， 「個案管理」不只是經費控制而已，它有以有限成本獲致至大效益之經營理念在內。

根據米勒（Miller, 1985）的看法， 「個案管理」強調對於問題處理及資源使用的順序和組織； 另外，肯恩（Kane, 1984）主張「個案管理」是針對某一特定人羣，謀求如何去安置、協調，以及動員人力之一系統性服務。

因此，個案管理乃藉由經營管理的知能，以預估性、協調性、周延性、效能化之體系性服務輸送，以達成機關（構）預期目標和服務受益人之至大福祉為前提。

叁、個案管理之要素與要件

一、個案管理要素

要做好個案管理，初步被驗證必須同時兼備的要素有五項。個案管

理的五要素有 (Kane, 1985):

(1)個案的發掘: 個案發掘 (case finding)是指篩選及決定案主是否適合此種服務。

(2)事前之評估: 事前之預估 (assessment) 乃決定案主需要的正式步驟，通常由社會工作員、護士或醫師來作。

(3)目標設定與服務計畫: 目標設定與服務計畫 (goal setting and service planning) 是迎合案主需求的策略。 個案管理者須熟悉現有的資源，甚至創新資源並妥善運用，以謀求案主之至大福利。

(4)照護計畫之執行: 照護計畫 (the implementation of the care plan) 之個案管理者不一定非執行計畫不可。他可以是機構與執行者的中間人，而負起監督計畫執行的責任。必要時，他亦能從事服務的繼續或轉介篩選與抉擇。

(5)動員與評估: 動員與評估 (monitoring and evaluation)主要是審查服務的績效，進行收集資料並加以分析，以確認費用使用與人力調配之有效性。

二、 個案管理之要件

個案管理有其必要條件，這些條件包括:

(1)按照個案管理的主要目的: 是服務輸送系統的部分或是獨立成另一個計畫性組織，或是一個協會。例如資訊性之轉介機構、醫院、居家照護組織等。

(2)依據個案管理者之權力基礎: 是立法、會員制或是基金會賦予者等。

(3)紅利之限制。

(4)依據集權或分權之系統。

⑸依據計畫執行之種類: 是依地理區域、人, 或是持續的時間長短, 或是提供服務之類型而定。

⑹依據個案管理者的專業背景及其團隊之配合能否有效運作。

肆、個案管理之模式與論題

一、個案管理之模式

個案管理模式之建立旨在使運作方式明確區分。暫且把一些複雜的因素不加以探索, 任何一種個案管理計畫都可以被區分爲下列三種: 即社會性、基本照護, 以及醫療社會模式。

1.社會性:

社會性 (social) 乃著重社區中的完好個人, 提供其基本的需求服務大於健康照護的提供, 如美國老人安宅計畫。由社會行政工作人員對居家老人提供非健康性的服務。

2.基本照護:

基本照護 (primary care) 是奠基在傳統的醫療模式上, 針對初級預防保健著手, 期望提供最合宜的照護服務。通常醫師是個案管理者。他掌握對其他醫療服務的使用權。

3.醫療社會模式:

醫療社會模式 (the medicalsocial model) 針對有危機的案主提供服務, 旨在預防或減低對案主的機構刻板化的服務, 服務儘量以居家方式進行。通常, 個案管理者或機構本身都有權力對必要服務之金錢預算作削減。

二、個案管理之論題

到目前為止，尚缺乏可靠的資料證實個案管理可以如預期中的節省經費，甚至最重視控制經費的基本照護模式也不例外。因為，有時候，案主羣的一般性的健康本質，會造成分析及大範圍預算預測時的困難。其中有關於社會工作的議題有：

（一）案主福祉抑或經費控制

關於個案管理，對於社會行政工作人員來說，是要被設計成方便案主的服務還是去控制經費，一直是個爭議的問題。

想控制經費，可能會造成提供的服務沒有基金贊助，限制了也許必要的服務，更甚而將服務從需要性改變到以價錢衡量的服務；想改善服務輸送的品質，也可等於是允許個案管理者在沒有單一經費之提供者的情況下，為了案主利益，去協調各單位的意見。

如此一來，社會行政工作者可以避免在「服務」和「經濟」的原則下的矛盾和挫折感。

（二）個案管理計畫的擁有權

權力和擁有權提供了一定的力量，如勸募基金及資格確認的能力，所以這個爭論是十分被看重的。

因為所有權和有關服務輸送的法律和規條，都是息息相關的。同時，勸募和整合基金的能力也可以由服務計畫的授權來決定；另外，它也可以決定在照護系統中，社會服務在何處被提供。

既然未來的繳費是可預期的，醫院中社會部門的服務，已從注意身體上之需要而至債務償還計畫。在醫院或其他照護組織中的社會工作員，可能對於有組織服務提供中，協調提供協調案主需求之人的權力和責任，是有影響力的。

（三）個案管理者是否有權力為已執行的服務付款

如果個案管理者之目的是控制經費，則須予之權力。

一些組織賦予其高度權力，但一些獨立的實習協會則較相反。

許多不同的保險公司或有關醫療的服務中，有關於某些必要程序或是非病人基礎上的外科手術等一些服務的制度刻板化，給予個案管理者退款償還權，也就在這些服務上拒絕付款是必要的。

如果個案管理者能控制經費，則為提供有品質、效果服務的金錢是可以合宜支出的；反之，若沒有掌握經費的權力，則管理者只不過淪為服務計畫中的附屬品罷了。

（四）管理者可否提供服務

有些機構訓練個案管理者為護士或是擔任社會工作人員的角色。在基本照護模式中，醫生既是計畫的人，也是實施計畫的人。對於經費控制也有權力；在醫療社會模式中，管理者有臨床經驗的學習需要是被認可的。

雖然關於個案管理者或是機構本身究竟是否能成為服務計畫的提供者，會和某些角色在利益上有所衝突，但不可置疑的，由管理者或機構來執行時，確實能提供更直接而有效的服務，同時也減少許多溝通上的麻煩。

伍、個案管理之趨向與因應

一、發展趨勢

個案管理的發展才不久，但面對不很暢順的發展，調整方向便顯得有意義。對此，肯恩（Kane, 1984）曾提出兩個可能發展趨勢。其一是關於社區基礎的個案管理，將持續成長；為了長期照護之因，對於醫療保險須給予權力，同時為了居家護理之照護運作，預先授權是必須的。其二是商業用途的個案管理策略之採行。

以上兩個可能趨勢的發展雖然肯恩有肯切之預測，但仍有一些需要商榷的。這些值得商榷之處有：

社區基礎的管理計畫可能會因平衡預算的考慮下，而逐漸減緩其成長，其影響是負面的多於正面的。

相當新的一筆經費是不可能將它用之於社區基礎的計畫上的，尤其是醫療社會模式。無論如何，地方政府現在不期望醫療保險的優先權。

關於商業模式的管理計畫或是基本照護模式的個案管理計畫會漸漸增加。除了居家方案型態的管理照護，商業保險的執行者，也開始用個案管理者來減低他們健康照護的費用。

二、因應措施

可預期的是，企業及工業界將會在減低他們日益成長的照護經費計畫中，以個案管理的理念來從事經費控制。針對此一趨勢，對於社會工作因應行動的建議如下：

社會工作者應積極的採取行動，在他們的機構或組織中發展個案管理的策略。這些策略應包括為老年人協調服務的計畫。隨著醫療保險計畫的施行，有越來越多的老年人將成為個案服務管理的接受者。

針對上述新需求，社會行政工作人員應該與個案管理計畫合作，因為當財政上的支援越來越少時，以傳統方式從事個案服務，資源和時間的運用將會越來越少。除了居家服務機構外，社會行政工作人員尋找和個案管理服務機構的支持和聯合是必須的。

社會行政工作人員在現存的健康照護機構中，必須著眼於找出最符合案主需求的可行方式進行服務。因為，個案管理者正是從這樣的觀點來評估工作成效；社會工作人員不僅只視其為本身權益和自主性等威脅，而是更去注意，個案管理者如何在這變遷的環境中，對於正在變遷

中的案主羣之需求提供更好的服務方式。

在許多情況下，社會行政工作人員會發現和個案服務計畫合作的好處，尤其是計畫是奠基於社區之上時更爲明確。因爲，社會行政工作人員常受到機構本身的許多限制。不過他們也可以藉著服務的提供，如成爲資訊轉介提供的機構，來幫助機構本身變成有計畫的和高品質服務的組織。

至於居家健康照護機構，他們將會提供更多機會使之成爲有社區基礎之機構的作法。這些作法，將會改善對案主的服務，以及增加機構本身的形象和權威性。

由於大醫院通常設在郊區，與小型醫院比起來，其社會服務部門所願提供的服務也較多樣性。因此，隨著醫院型態的縮小和服務種類提供的多樣性之改變，尋求和個案管理計畫之合作是相當必要的。

在許多健康照護機構，尤其是醫院，在不同社區採行不同的服務計畫以利案主之需求，社會行政工作人員更必須能因時因地因應各種不同的個案管理計畫。

從客觀面觀之，社會行政工作人員應該能掌握和瞭解個案管理在各級政府之下的發展。因爲個案管理針對的是社會服務和照護計畫的輸送，而社會行政工作人員則扮演著有關個案管理發展政策中的要角。

藉由採行以上所概括描繪的政策，社會行政工作人員可以在他服務的機關（構）、社區以及各級政府體系中，對於提供更好服務輸送的系統中，發揮更大的影響力。這樣的行動能爲社會行政工作人員本身及在社會服務和健康照護體制下的案主，謀求更大的福祉。

本章參考書目

Bagarozzi, D. A. et al., (1983). "Administrators' Perspectives on Case Management." *Arete*, 8(1), 13-21.

Baker, F. et al., (1979). *Evaluation of Case Management Training Program: Final Report*. New York: New York School of Psychiatry.

Baker, R. L. (1988). *The Social Work Dictionary*. Silver Spring, Ma.: National Association of Social Workers. p. 20, "Case Management."

Ballow, J. R. (1986). *Case Management in Human Services*. Springfield, Ill.: Thomas Books.

Beatrice, D. F. (1979). *Case Management: A Policy Option for Long-Term Care*. Washington D. C.: Dept. of HEW.

Caragonne, P. (1980). *An Analysis of the Function of the Case Manager in Four Mental Health Social Services Settings*. Austin: University of Texas School of Social Work.

Caragonne, P. (1981). *A Comparative Analysis of Twenty-Two Settings Using Case Management*.

Fitz, J. (1978). *Case Management for the Developmentally Disabled: A Feasibility Study Report*. Raleigh: North Carolina University Center for Urban Affairs and Community Services.

Intagliata, J. & Baker, F. (1983). "Factors Affecting Case Management Services for the Chronically Mentally Ill." *Administration in Mental Health*, 11(2), 75-91.

Johnson, P. J. & Rubin, A. (1983). "Case Management in Mental Health: A Social Work Domain?" *Social Work*, 28(1), 49-55.

King, J. A., Muraco, W. A. & Wells, J. P. (1984). *Case Management: A Study of Patient Outcomes*. Columbus: Ohio Department of Mental Health, Office of Program Evaluation and Research.

Lamb, H. R. (1980). "Therapist-Case Managers: More Than Brokers of Services." *Hospital and Community Psychiatry*, 31(11), 762-764.

Lourie, N. V. (1978). "Case Management." In J. A. Talbott (Ed.), *The Chronic Mental Patient* (pp. 159-164). Washington, D. C.: American Psychiatric Association.

Miller, G. (1983). "Case Management: The Essential Services." In C. J. Sanborn (Ed.), *Case Management in Mental Health Service* (pp. 3-16). New York: Haworth Press.

Rubin, A. (1987). "Case Management." *Encyclopedia of Social Work*, 18, Vol. 1, pp. 212-222.

Schwartz, S. R., Goldman, H. H. & Churgin, S. (1982). "Case Management for the Chronic Mentally Ill: Models and Dimensions." *Hospital and Community Psychiatry*,

33(12), pp. 1006-1009.

廖榮利: 〈個案管理〉, 《公訓報導》28。臺北: 臺北市公務人員
　　訓練中心, 民國七十八年, 頁7-11。

第十章 督導(一)：原理原則

壹、督 導

一、督導

在專門職業化（professionalization）盛行之前，各行業均由其師傅依其行規中私人指導的途徑，傳授職業技能給徒弟。此種師傅徒弟間默默中看做學的，職業技能的教與學活動，可以說是在一種不知其中學問與道理的情況下，學習職業暨謀生技能，所學到的往往只是操作技巧而已。

到了專門職業與科技行業須經由正規教育暨職校體系培養其所須人才之後，正規教育在學期間對學生的實習指導（field instruction），畢業就職初期的督導（supervision），以及在職期間的在職訓練等，便成為機構人力規劃與發展之一種正式途徑（Ballew, 1986）。

事實上，督導不論在機構行政監督與教育訓練上，均有其特定的功能。因此，督導的意義須從行政和教育兩個層面加以闡述的。

二、督導的定義

誠因督導是機構人力規劃與發展的正式方法，因此它涉及機構督導體系、督導人員，以及受督導的員工等制度與人員，一般常用的督導定義有：

· 督導是機構人力發展暨人才培育的傳統方法，它是由機構中訓練有素的人員，將業務有關的知識和技術，傳授給新進的工作人員、職務轉換人員，以及職位昇遷人員等，使他能適任其職務（廖榮利，民七十八）。

· 督導是一種機構內工作指導與監督之程序，對執行機構的方案計畫有直接關係的人員，由機構指定的專門負責督導業務的人員，依其專門知識權運作與傳播知能的藝術，協助業務負責執行人員有效運用其知識和技術，增進其工作能力，以及提昇其公務生產力。

· 督導是專技教育的一種方法，它是由機構內資深的專門人員，對其新進人員或實習生，透過一種定期、持續的督導程序，傳授專業服務須的用方法與技術，以增進執事人員的專業或專業技巧，以確保服務受益人（service recipients）之權益或產品之品質。

三、督導的功能

誠因督導是在機構中從事延伸性的專業訓練，督導工作的實施旨在達成下列的功能:

· 機構行政職責的達成。

· 對專業訓練與專業成長的增進。

· 對機構人力發展的投資。

（一）督導的行政面功能

在行政面，督導對員工的工作指派與分配，工作的監督與評估，協調與溝通的運作，員工情緒支持與激勵，機構有關法規的遵守，以及公務服務生產力的提昇等，均有其直接間接的影響。

（二）督導的教育面功能

在教育面，督導會對員工成人教育動機的增強，對工作知能的累積與充實，對專門知識暨科學原理原則藝術化運作，對專業倫理意識與工作守則的培養與篤行、對機構團隊意識的培育，以及對員工個人生涯期許之強化等均有深遠的影響。

貳、督導方式

機構使用的督導方式，傳統以來以個別督導為主，團體督導為輔。後來發展的督導方式有個案諮詢模式，同輩督導模式，以及科際整合性團體督導模式等。因此，可使機構使用的督導模式有下述五種(Willson, 1981):

- ·個別教導模式的督導。
- ·團體指導模式的督導。
- ·個案諮詢模式的督導。
- ·同輩互動模式的督導。
- ·科際整合模式的督導。

一、個別教導模式的督導

個別教導模式(tutorial model)的督導，包括督導和員工，他們在一種單對單的關係中，從事教與學的互動。此種督導對新進人員或資淺者，較為適合有效。此種督導會議的進行通常是定期性、持續性地每週舉行一次，每次一至二小時，先後總共要延續一至兩年不等。

以個別督導模式對經驗較多的員工時，則督導會議的舉行，常常是應員工的要求而安排的。兩者在會議中的討論內容與事項，由雙方同負準備責任。雖然，行事的抉擇權在員工本身，但督導負有相當程度的教導責任。

此一模式的督導中，「教與學」是一重要成分，督導負有行政與教育雙重責任，員工的學習姿態重於行動性。業務上的協調與溝通事項主要由督導負主要責任，並且，對員工的評價與考核，主要責任由督導負全責。

二、團體指導模式的督導

團體指導模式(group instruction model)的督導，是由特定的督導與一羣員工組織的督導小組，定期性、持續性的團隊會議中，督導支持團體成員的互動中，討論和議決業務上的行事方向。

此種模式的與會員工，在其訓練或經驗層面，宜以同質性多於異質性，否則成員性質太分歧，則易於使學習重心偏離機構目標。團體討論式的教育功能，是此種模式所強調的。

督導少，員工多的機構，最適合採行此種模式，由於時間上經濟，且行政命令的宣佈直接而有效。與外界的協調與溝通，由督導負主要責任。對新進人員來說，此種督導模式易於增強機構團隊意識。

三、個案諮詢模式的督導

個案諮詢模式 (case consultation model) 的督導，是督導者採取一種諮詢者 (consultant) 的角色，接受員工的諮詢服務需求。在未定期應對式的諮詢會議中，對員工所提出的業務上或個人適應上的問題，從事一種一問一答和共同思考方式之督導活動。

此種模式的督導，其諮詢內容以個案為主，其程序是，受諮詢服務的員工先把有關個案的資料事先交督導，以備事先研閱。此種督導中，督導對員工比較沒有約束力，員工才是抉擇的關鍵人物。

對於略有經驗的員工、轉換新職的員工，或是職位昇遷初期的員工

來說，此種督導模式最能達成事半功倍之效。而此種督導必須熟習諮詢的原理與技藝，始能為受諮詢的員工暨機構帶來更大的福祉。

四、同輩互動模式的督導

同輩互動模式 (peer group interaction model) 的督導，並沒有指定的督導，團體成員均以同等地位參與。因此，要使此種督導方式成功的基本條件，就是團體成員必須是成熟的員工，有工作經驗的實務人員，他們對督導中所討論的個案能負責任和有貢獻。

此種督導團體中，所有成員均有他們共同缺失和有待學習之處；雖然沒有人是被指定的督導者，但是，每次皆有成員中一員，輪流或受推舉以主持會議的進行。有時候主持者也可以是不同專業領域的行政人員。同輩督導會議，也是定期持續舉行，且以團體決策方式，決定行事方向。主持會議者只負責會議的運作罷了。

不過，大多數的情況之下，團隊的決定僅供個別成員參照，畢竟員工個人有其行政責任。此種模式易於被批判為缺乏正式教育的功能。其實，視學習為每一成員的責任，以學習是同輩互動的副產品為前提之下，會有其獨特的學習成效的。

至於此種督導團體與其他單位或機構的協調與溝通，是以該次會議主持人為代表。因此，此點係類似團體抉擇程序及其實施一般的功能。

五、科際整合模式的督導

科際整合模式(the interdisciplinary team model)的督導，是機構中一種比較特殊的督導方式。其成員的異質性大，且業務上必須有不同領域的人員共同諮詢。此種督導也是定期持續性的會議。

督導會議所討論的事項，是由成員預先擬議的，每一員工均可視其

需要提出議題及其內容，而討論的決議是由團隊成員共同協議而成，並非個別成員的自我選擇。

此種督導會議的主持人，往往是一位行政首長，他帶領各專業領域的專門人員討論。所以，他不算是督導，也沒有教育成員的責任。成員之間相互學習和貢獻就是此種會議的最大特色。

此種督導會議的主持人，只負責觀察和提醒成員，其對機構行政功能的遵守，卽確保團隊的服務是合乎機構的標準。至於對團隊成員的評價，是由個別成員、會議主持人，以及行政首長共同評定。

叁、督導者

要成爲一位良好有效的督導，除了一定的學經歷外，尚須講究做爲督導人員的素養和執行督導的藝術化技巧。要成爲知性、感性、理性，以及靈性化的督導，以下的態度與原則宜加以重視（廖榮利，民七十八）。

一、督導之基本態度

（一）督導的基本態度

1.督導宜認定員工是一位實際負責工作者，且在工作過程中學習較深的專業內容和技術，故工作者係實際工作者（practitioner），同時也是一個學習者（learner）。惟實際工作者的角色重於學習者的角色。

2.督導者對員工的態度應是支持性與教育性的。更須支持員工在工作上和學習中所感受到的焦慮及難題，並親切地給予教導。

（二）誘導員工的學習方向

督導對員工的訓練，是採取一種引導、啟發、示範，以及增強的態度，它是一種間接教育的方法。督導者的基本態度有:

1.啟發與尊重員工的求進步動機（motivation）和潛能（potentialities)。員工曾受過 專業教育且已 決心從事行政工作， 其動機肯定和潛能充分，因此督導的主要任務是啟發和鼓勵員工把原有的求進步動機和潛能付之行動並充分發揮。

2.示範員工專業性的期待 (expectation) 和改變 (change)。 期待的明確和改變的強調，是促進員工往較高的專業素質求進的有效途徑。也就是時時提示員工什麼是專業需求， 如何學習才能達到這些需求。

3.促使員工將學習視為一種愉快的成長過程 (joy of growing process)。 學習過程所存在的抗拒心理 (resistance)， 如何解除或減低到最低限度，是促進學習的第一步；第二步則要協助員工從自己的成就價值上發現自己在學習過程中得到成長，且這種成長過程是人生一大樂事。

4.啟示員工學習多角度的方法，而不是只追求最完美、最有效的方法，要採取多角度有彈性的接觸方式； 此法往往易於產生滿足感，而這種滿足感是學習動機的催化劑。

（三）善於運用督導的原則

1.每一員工有其獨特的學習態度與習慣，督導要允許員工以自己舒適的方法去學習，往往效果較大。不宜規定或限制工作者的學習方法。

2.新知識和新方法的學習運用，應以員工原有基礎接近者及其在可吸收新知識和方法的成熟時機行之。

3.所介紹的理念 和原則應與員工 所負責的業務和 人羣相關者較有效。

4.思考方式的訓練應力求以原則運用於實施上，以實施情形驗證原則， 同時思考要能以融會貫通 (incooperating) 為目標， 即原則、 實施、 評價，以及組織成為員工自己有系統的看法和行動。

5.引導員工對督導的態度， 要以學習者的姿態，而不是和督導競爭

的姿態。同時員工對其他員工之間要從合作中彼此學習,而不是從競爭中得到超越表現。向督導者學習和與同事合作的態度,不但能使一個員工學習效果提高, 同時也是促進其個人和專業成熟(professional maturity)的有力保證。

6.使員工的自我認識 (self-awareness) 以發展其 專業性的自我 (professionalself) 並達到自我訓練 (self-discipline) 的地步。

二、 受歡迎和不受歡迎的督導人員

做為一個督導人員, 日常監督與指導員工的工作情況, 是在上級人員與所屬員工間的關係, 也是一種教導者與學習者之間的關係。 如何才是一位受歡迎的督導人員, 如何才能避免員工的反感呢? 此地運用紐約人口局亞洲區代表肯尼博士對家庭計畫工作的輔導人員之評價標準, 實需專業工作督導人員的深思與篤行:

(一) 我所不喜歡的輔導 (督導) 人員

· 他們以為他們知道所有的答案。

· 他們向來不看我的報告。

· 他們不想了解當地實情。

· 他們「盛氣凌人」因為他們也許比我們高一、二級。

· 他們走馬看花, 不好好的研究我們的問題。

· 他們責罵人很慷慨, 但誇獎人則很吝嗇。

· 有些人凡事都給你帶高帽, 玉石不分, 這些人實際上是最無用的東西。

· 他們不提個別問題, 只論「政策」與「原則」。

· 我提出特殊問題要他們答覆時, 他們「惱羞成怒」。

· 他們以為自己可以馬虎, 因為他們是督導員, 但不許我隨便。

・他們要的招待是我負擔不起的。

・他們不寫輔導報告。

（二）我所喜歡的輔導（督導）人員

・他們不單會講，也會聽。

・完全了解問題以前，他們不輕易表示意見。

・他們會使我感覺我的工作是有價值的。

・對我的失敗之檢討，他們會誇獎我的誠實。

・他們會告訴我其他人是怎麼做的。

・他們會建議我採用已在其他地方被證實有效的方法。

・他們會使我感覺到我是整個團體之一員。

・他們會幫助我很誠實的自我檢討。

肆、督導的基本原則

　　機構的工作人員均為成人早期 (early adulthood) 以上的人，成人的學習有其不同於青少年學生，尤其成人學生的心理特徵中的屈就感與選擇性強，均對其與督導者的關係有影響。因此若能遵循以下的教與學的原理 (teaching and learning theory) 會較有效。這些原理包括有：

・把學習的程序當作一種教與學兩方面的雙邊交流關係 (two-way relationship)， 即教與學兩方面自由平等方式的交換意見和經驗。

・認清學習並非一種間隔性的活動 (compartmentalized activity) 而是受學習者早期生活經驗的行為動力影響。

・所有學習多少均伴隨著抗拒心理 (resistance)， 因此督導者須經常採取支持性和教育性的態度。

・學習的行為猶如一個人的生命過程一樣，是無止境的，因此督導

者必須經常提醒受督導者其學習的持續需要與價值。

· 學習初期的經驗影響甚鉅，因此必須與之建立良好的督導關係，使之能把學習當作一種安舒、負責和獨立的行為。

· 學習是一種有機體的潛力驅使和活生生的改變作用。人自生至老有其學習和改變的動機，不須他人過分推動或控制。督導者最大職責在於如何啟發和激勵受諮詢者自我原有的內在動機和能力。

督導者如何使這些原則涵化於其與受督導者的日常督導過程上，是一件須相當深入思考，以及藝術化使用的技巧，宜多加使用以達精確熟練的地步。

伍、受督導者

一、受督導者的類型

受督導者 (supervisee) 是指機構或單位內的專業服務從業人員他（她）們在指定的督導者定期持續的指導之下，提供初步確保專業服務素質的服務或治療工作。他（她）們也是延續學習專業技能的專業人員。這種接受督導的人員包括:

· 已接受過專業教育的新進社會工作人員。

· 正在接受專業教育的社會工作實習學生。

· 未受過專業教育的社會工作從業人員; 以及

· 非專業的志願工作人員。

雖然傳統的督導工作，主要的是對第一項所指的人員，次要的為第二項所指的人員，但是，新近的趨勢是對第三和第四類的人員同等重視，因為後兩類人員參與各項社會服務工作的人數增多，為適應現實需要和提高服務時效，我們實不應忽視後兩類人員的督導工作。

　　對上述四類人員的督導是有所區別的。對專業工作者和實習學生的督導可區別如下：

對專業工作者	對實習學生
㈠行政性的責任比較重。	㈠教育性的責任較重。
㈡監督的立場較重。	㈡教導的立場較重。
㈢期待較高且要求較嚴格。	㈢期待較低且有伸縮性。
㈣使用專業知識和技術	㈣探索專業程序和方法。
㈤自我引導和自我負責。	㈤初步的自我認識。
㈥執行者的姿勢。	㈥學習者的姿態。
㈦增進特殊興趣和技能。	㈦探索各種方法和技術。
㈧較主動、負責和自立。	㈧較被動受助和依賴。
㈨督導者權威性較大。	㈨督導者權威性較小。
㈩確立專業意識。	㈩尋求專業意識。

　　如上所述，對專業工作者的督導較嚴謹、具體、持續和肯定的；對實習學生的督導則比較彈性、多面、試驗和非定性的。至於對非專業社會工作人員和非專業的志願工作人員的督導亦有其特殊的性質，特列述於後面。

二、受督導者的學習型態

　　成人的學習型態常有不同，督導者對不同的學習型態的人要充分了解並採行適切的方法加以引導。美國陶互魯 (Charlotte Towle) 教授在其《專業教育過程中的學習者》一書中把社會工作學習者分為五種型態：被動和承受型，被動和抵制型，自動和承受型，自動和抵制性，以及表面和猶豫型。督導者要判斷受督導者是何種學習型態，則要從以下

各項目中綜合判斷，卽受督導者的:

- ・對督導者的態度和反應。
- ・督導會議中的反應及其素質。
- ・自我學習傾向和自我負責程度。
- ・督導會議的準備和獨立思考的程度。
- ・表達自我感覺和評判的能力。
- ・對感情、思想、態度和行爲的改變程度。
- ・督導會議決定事項的運用情形。
- ・以不同的方法使用新知識的能力。
- ・處理自己和案主之間關係的表現。
- ・對機構功能和行政職責的盡責程度。
- ・從部份的學習經驗運用於整體性的能力。

督導者對受督導者的認識之後，對不同的型態的受督導者宜採行適切個人的方式。被動和承受性 (passive-receptive pattern) 的學習的表現比較依賴性，傾向於期待被告之應做什麼，如何去做和要做到什麼程度。不過，當你告訴他時，他會虛心接受並付諸行動去做。督導者宜多給他鼓勵，以親切和溫和的口氣直接或間接地告知他所期待要做到的。同時監督者對他所做的提出明確的評語和積極的建議，使其有所遵循，努力篤行。

被動和抵制型 (passive-resistive pattern) 的學習者，不但往往顯示依賴和被動，等待被通知應做什麼和如何去做? 而且當你告訴他時，他不一定願意接受，有時反而表現出一種抵制的心理。這種人往往是由於他早年的學習經驗裏，對長輩或權威形象的人 (authority figure) 存有故意的心理所致。督導者應先與他討論他的早年學習經驗情形，並協助他發現這種經驗對目前他的學習態度的影響，協助他自我認識 (self-awareness)，設法與他建立良好的教與學之間的關係。然後才協助他了解他應做和應學的，並對於他所做的，以間接和婉轉的方式，提出評語和建議。盡量減除其抵制和焦慮的心理，以使他學習型態的改變，和產生積極學習的新型態。

自動和承受型（assertive-receptive pattern）的學習者，經常表現出一種自動、活潑、積極、自我引導和自我負責的學習型態，他能知道自己所需求的知識、方法和技術，且樂於接受督導的建議和指引。這種學習者是個人成熟度較高和性格較富彈性，是最理想的專業人員。督導者若能及早發現學習者的能力和學習型態，以他現有的知識基礎和學習動機為基礎，給與必要的鼓勵、建議和指引，則督導成效必大。督導者並可進一步期待和培養這種學習者成為未來的社會工作的督導者、領導或教育者。

自動和抵制型（assertive-resistive pattern）的學習者常呈現出性情明朗、自動自發地求取新知識和技術，可是當你給予他評語、建議和指引時，他卻不一定樂於接受。這種學習者的精神是比較固執而缺乏彈性，對他學習效果和專業自我（professionalself）的成長是有不良的影響的。因此，督導者必須多費苦心與之建立良好的專業關係，盡量以接納、鼓勵和支持的態度，以使他減除內心的焦慮和抵制心理到最低限度，促使他往自動和承受型的方向努力改變自己。這樣才能提高督導效果，加速專業自我的發展。

表面和猶豫型（The perphreal pattern）的學習者，一般表現是悠哉遊哉，樂觀多奮鬥少，對督導者唯命是從的姿態，但他很少自動發問，並且當你給予他一些批評、建議和指引時，他卻裝著接受，卻不知進退，不易採取行動積極去做。他這種行為表現，不一定是防衛性的（defensive），只是一種迷迷糊糊的人生觀所致，因此，督導者對這種

學習者，必須有高度的耐心，不憚其煩的向他說明和提醒應努力的方向和應採取的行動。如此，才能產生有效的督導效果。必要時幫助他認識自己並不適合於社會工作的積極性專業需要，使他重新估計自己的選擇和決定。

陸、在職訓練與特性

一、 在職訓練的本質

在職訓練 (in-service training) 是指正規專業教育之後的延續與推廣教育之過程，卽指在工作崗位上繼續性的專業教育，其方式包括有職前訓練、 在職訓練、 精進訓練以及持續和定期的督導工作。 把督導納入在職訓練的一環，並且與在職訓練的原則配合進行，是不可忽略的事。因此，督導是較狹義的在職訓練的一種。這種督導是較深入且較專業化的。

在職訓練是注重實際運用的知識與技術之介紹，其訓練的基本原則依接受訓練者的程度而定，在職訓練的主要對象可分爲以下三種類：

· 接受過相當程度的專業教育且有實際工作經驗者。
· 接受過相當程度的專業教育而無實際工作經驗者。
· 未受過專業教育而有實際工作經驗者，或正在開始從事實際工作者。

二、 在職訓練的一般原則

對於以上三種不同程度的在職工作者的在職訓練的一般原則，這些原則是在訓練課程的設計與安排，課程內容與訓練目標的預定上，均需遵循這些原則：

- 以技術介紹重於理論介紹;
- 強調在職工作者把知識與技術運用於實際工作上;
- 補充給在職工作者所缺乏的知識與技術部份;
- 介紹給在職工作者新的知識與技術，以及其對當前工作的介入; 以及
- 訓練內容應視機構與當前需要而定。

三、對未接受專業教育工作人員的在職訓練

當前的社會福利趨勢，是加強專業教育同時訓練未接受專業教育而正在（或有意）從事社會福利與社會服務工作者，以適應日漸增加的社會之需求，因此，對於未受過專業教育的在職工作者的在職訓練，已成為一項重要的措施之一。對於未接受過專業教育的在職工作者的訓練與對接受過專業教育工作者的訓練，其原則的區別與其獨特性分述如下:

一個有效的對「未接受過專業教育的在職工作者」的在職訓練宜遵照以下的原則:

- 傳授知識不宜使用專業技術詞彙 (technical vocabulary)，卽應避免咬齒問題 (joging problem)。
- 傳授一些理念 (ideas) 時，要用通用的非技術 用語 (normal and non-technical terminology)。
- 訓練者須確認什麼是應傳授給工作者的，眞實與清晰的知識領域所在。
- 教授有關的內容並示範這些內容如何付諸實施。
- 誘導工作者減少對知識體系的過份渴求，因未受專業教育的在職工作者主要在學習如何能走上工作程序，且把工作完成 (tasks accomplishment); 同時過份強調於知識體系，則易形成本末倒

置的效果。

· 協助工作者察覺到其過去工作的成就所在，並向前邁進一步，及進一步的重點所在。

· 使工作者對文獻或書籍的閱讀能選擇在其原有知識接近的較高一層，而不是與原有程度距離太大者。

督導者對現有社區社會工作人員中的非受過正規專業教育者之督導宜遵循上述七原則，使其與其他受過專業教育者有區別的督導步驟是必要的措施。

四、對新進專業工作人員的在職訓練

新進工作者 (beginning worker)，卽剛從學校畢業尚無實際工作經驗者 (實習經驗不包括在內)，其督導訓練應注意如下各項原則：

· 一個新進工作者初到機構工作，督導者應有的認識是：這個工作者已在機構中工作，他須了解機構的功能，督導者應告知這個工作者有關一個新進工作者的工作領域，同時督導者應明確的通知這個工作者他所被期待的表現與負責的行為。

· 對新進工作者的初期工作重點在於：促成對工作關係 (working relationship) 的尊重，減除工作者內心的焦慮，以及供給充分的支持作用。

· 對新進工作者訓練較有效的方法包括有：程序記錄法 (process recording)、角色扮演法 (role playing)、單面鏡觀察法 (oneway screening)、觀察法、參與型觀察法 (observational participant)，以及錄音記錄法 (type recording) 等。

· 對新進工作者特別需要內容有：每一個新進工作者初擔任工作時，有其特別需要補充的知識，須早期發現，並促其補充之。

‧對新進工作者的案主指派，宜考慮工作者個別能力與對案主的適切性而慎重選擇之。

當前各地的社區社會工作人員大多屬於這一類，因此督導者宜選用適當的方式，如上述的原則以進行督導，則其進行會更順利，並且能達成更高的督導功效的。

五、對略有經驗專業工作人員的在職訓練

對略有經驗的工作者(experienced worker)，即從學校畢業後已有一段時間的實際工作經驗者，原先在別的機構工作，現在轉職於本機構或在本機構工作已有一段時期的工作者。對這種工作者的督導訓練原則有：

‧不須像對新進工作者那樣介紹太多的機構功能或人在機構中等內容，宜把工作者當作一個識途之馬。

‧必須盡早使工作者了解他將負責的案主是那些種類，讓他能自己預備或計畫此後一段期間的工作進度。

‧明白表示給予工作者充分時間由他自己支配。如計畫、記錄、研究等，因此工作者不須擔心時間太少所產生的焦慮。

‧避免給予工作者可能產生焦慮的因素，比如對工作者的自己計畫不須過份干涉或修改。旨在促使工作者能開始獨立作業，發揮潛能。

‧促使工作者對本機構的歸屬感，告知他所被期待的任務，說明指派案主（一個個案，團體或社區單位）的目的，並促使其獨立工作和行動（減少對督導者的依賴傾向）。

‧督導訓練的方法以自由討論方法為主；工作者可以用摘要記錄或口頭提供資料的方式，在個別或團體督導會議中提出討論之。

・協助工作者對其特殊興趣之專業方法或研究報告，作進一步的計畫與研究。
・對於督導方法的討論，即有經驗的工作者有的負責對實習學生或新進工作者的督導工作，因此應有機會討論這方面的原則或實際工作上碰到的困難問題。

本章參考書目

Austin, M. J. (1981). *Supervisory Management for the Human Services*. Englewood Cliffs, N. J.: Prentice-Hall.

Austin, M. J., Brannon, D. & Pecora, P. J. (1984). *Managing Staff Development Programs in Human Services Agencies*. Chicago: Nelson-Hall.

Beach, D. S. (1975). *Personnel*: *The Management of People at Work*. New York: MacMillan Publishing Co..

Cascio, W. F. (1982). *Applied Psychology in Personnel Management* (2nd ed.). Reston, Va.: Reston Publishing Co..

Cullen, J. B. (1978). *The Structure of Professionalism*: *A Quantitative Examination*. New York: Petrocelli Books.

Kadushin, A. (1976). *Supervision in Social Work*. New York: Columbia University Press.

Miringoff, M. L. (1980). *Management in Human Service Organizations*. New York: MacMillan Publishing Co..

Patti, R. (1983). *Social Welfare Administration: Managing Programs in a Developing Context.* Englewood Cliffs, N. J.: Prentice-Hall.

Reynolds, B.C. (1985). *Learning and Teaching in the Practice of Social Work.* Silver Spring, Md.: National Association of Social Workers. (Original work published 1942).

Schoderbek, P.P. (1980). *Personnel Administration in the Voluntary Agency.* Alexandria, Va.: United Way of America, Volunteer Leadership Development Program.

Trecker, H. (1946). *Group Process in Administration.* New York: Woman's Press.

Withorn, A. (1984). *Servicing the People: Social Services and Social Change.* New York: Columbia University Press.

廖榮利：《社會工作實習指導與督導訓練》。臺中：基督教兒童基金會，民國七十二年，頁47-71。

第十一章　督導㈡：方法與技術

壹、個別督導：原則與技術

一、原則

　　個別督導是由英文的 individual supervision 翻譯而來，它是社會工作專業訓練的方法之一，也是傳統以來的督導方式。它是由一位督導者對一位受督導者，以面對面的方式，定期定時舉行討論會議。這種會議往往是每週（或每月）舉行一次，每次一至兩小時，連續舉行一段較長的時期（數個月，到一年或兩年）。

　　這種討論會議的內容，主要是有關受督導者實際對受助者（個人、團體、家庭、社區或機構）提供服務時，各種專業程序和技術上的課題，同時也包括其專業學習，行政措施，以及社會政策等方面的難題。同時，督導者的期待和指定作業亦包括在內。

　　個別督導的程序是：受督導者以書面（或口頭）方式，提出一週來的記錄或問題要項；督導者根據這些記錄和要項，以間接和引導的方式，啟發受督導者的思考，引導其尋找答案的方式，討論各種不同的解決途徑，並促使受督導者選擇或決定較適切的辦法。

　　在這種過程上，常涉及專業哲理與倫理、知識體系、技術的運用和自我認識、自我學習和自我引導等問題，也都須督導者善加察覺和妥加指引。督導者和受督導者之間的討論，必須是一種雙向的反應方式之教

與學的活動，才能達到社會工作者專業成長的目標。

其結果是經過一至兩年的督導訓練之後，受督導者能成爲一個富有獨立思考的，綜合評判，熟悉技巧和自我認識的有信心的專業工作者。

二、技術

對專業工作者的督導方法，以個別督導爲最有效。因爲，其督導內容所顯示各項，均以個別督導會議方式較能切合其需要。在每週一次的督導會議裏，主要的是工作者事先提供記錄，督導者預先詳閱後，等到督導會議時兩人共同討論。記錄方式包括程序記錄、錄音記錄和摘要記錄等爲主。

一般的情形是，開始的一段期間，使用前二者中之一種記錄，後一段期間則以摘要記錄爲之。要能使工作者及早確立正確有效的專業服務程序和技術，必須以程序記錄和錄音記錄交替使用一段時間較佳。至於綜合內容的討論則可以提要記錄或口頭報告的方式提出來，使督導者和工作者能當面討論之。

在督導會議過程中，督導者在技術上應特別注意:

【個別督導技術】

· 督導者要誠懇的傾聽工作者的訴說。

· 督導者應細心研判工作者的記錄或報告內容，並發現其教育重點所在。

· 督導者應接納工作者的感受。

· 督導者必須經常鼓勵工作者對問題的自我評判和創造能力。

· 督導者應以婉轉的口氣作評語和建議。

· 督導者要隨時提供示範性的方法和技術。

· 督導者要促使工作者以自我學習和自我訓練爲最終目標。

所以這種督導是民主方式和增強式的教育方式，它是啟發受督導者的潛能，培養專業判斷，專業自主能力之個別指導方法。

貳、個案簡介與會談程序記錄

一、個案的簡介

臺灣北部某衛星城市的社區工作員田南紫小姐，在其辦公室與約定時間會談的男少年會談。這位少年因行為不良曾被警察單位列案輔導，後來被轉案到社會工作員負責定期會談方式從事個案工作的「心理暨社會」治療工作，效果不顯著。不過，還好每週的定期會談大多都有前來赴約。

今天上午八時半，他照約定前來會談，案主見到工作員打招呼時，顯得有點不自在和疲憊的樣子，因此便以以下的話語打開話匣：

二、會談的程序記錄

工作員：我覺得你今天的臉色不太好看，怎麼一回事啊！

案　主：嗯！（看了工作員一眼）

工作員：為什麼今天的臉色比較不好看呢？是不是昨天沒睡好，（停了一下，又說）能否告訴我原因嗎？

案　主：沒有啦！（稍停一會兒）只是昨天喝了點酒。

工作員：哦！是什麼事情昨天去喝酒呢？

案　主：是朋友請我去的啦！

工作員：（想了一下，以探問的口氣說）是不是你快要去當兵，所以朋友請你喝酒呢？

案　主：沒有啦！我不會喝啦！（並沒有回答工作員的問話）

工作員：你經常在哪裏喝酒呢？

案　主：在路邊攤子上。

工作員：你的酒量如何呢？

案　主：大概三、四瓶啦！我不會喝啦！

工作員：你所謂的三、四瓶是指什麼樣的酒呢？

案　主：啤酒啦！

工作員：至於其他種類的酒呢？例如高梁酒、紹興酒呢？

案　主：（笑了笑）沒有啦！我不敢喝高梁酒，其他只是普通！

工作員：你說的「普通」是何種程度呢？可否說得更清楚點？

案　主：紹興酒大概是半瓶。

工作員：在那種情況下，是不是仍很清醒？

案　主：對啦！還沒有醉。（點了點頭）

工作員：你昨天是不是很晚才回家睡覺，所以精神不好，臉色難看？

案　主：不是啦！我是昨天睡到一半醒過來的，就睡不著。

工作員：哦！你是睡到幾點才醒來的呢？

案　主：（想了想）大概三、四點吧！

工作員：你是從幾點開始睡的呢？

案　主：十一點多。

工作員：能不能告訴我，你睡不著的原因呢？

案　主：因為昨天有個朋友來找我，每次都是這樣的！

工作員：（想了想）能不能說得更清楚點？我不太了解你的意思。

案　主：因為我以前常和他在一起，他沒錢時就拿東西去當，所以當舖的老都闆認得他。那我那天和我朋友去當東西，因我朋友年齡不夠（註：須滿二十歲），所以我就說我是他的

朋友， 爭取老闆的信任， 這倒沒什麼， 只是想到快入伍
了。

工作員: 哦! 那麼我們是不是可以現在去想想看，當兵時應有何種
心理準備呢? 在軍中生活的方面是怎麼樣……

案　主: (切斷工作員的話)就一天一天的過啊!

工作員: 對，我希望你比較現在當兵前這段日子，和當兵後可能有
什麼改變? 以及在想法上、 行為上， 應朝著何種方向遵
循，你是否想到過這點呢?

案　主: 沒有啦! (不大感興趣)

工作員: 哦! 我很希望你能想想這件事。

案　主: (靜默)

工作員: 若是你明天就要去當兵，你的心情會如何?

案　主: 很快樂! (神色較開朗)

工作員: 就一般人言，要去當兵時， 會有依依不捨的感覺。而你的
感覺是很快樂，好像(停頓一下)， 解脫一樣。

案　主: 快點去當兵也好，否則， 待在家裏多難過。

工作員: 是怎樣難過呢?

案　主: 待在家裏又沒什麼事做。

工作員: 那當兵就不會難過嗎?

案　主: 唉! 反正遲早都要去的，早去早好， 難過習慣就好。

工作員: 你的意思是不是等當完兵後再發展自己的事業?

案　主: (點頭)是啊!

工作員: 那你是否考慮過將來要做何種工作嗎?

案　主: 想去開計程車啦!

工作員: 是自己去買輛車去開嗎?

案　主：沒有啦！先苦一段日子；然後存錢買車。

工作員：哦！是什麼經驗使你想到以後從事計程車司機的工作呢？

案　主：因為這樣可以一邊工作，一邊玩呀！（覺得很有趣）

工作員：像這種工作每天可以看很多事與人，不會太呆板，也許比較適合你的個性，依我了解，你的個性較外向，朋友很多，坐不住（臺語）。

案　主：（看著工作員說話，不斷點頭）

工作員：我希望你在當兵之前，你對自己的言行，能先反省，檢討一下，因在部隊中，軍紀的要求嚴格，若做錯事，其後果如何，不知你是否想到過？或聽別人說？

案　主：有啊！像逃兵會被禁閉。

工作員：對，可能還會被槍斃。

案　主：還有，穿軍服不能騎摩托車。

工作員：嗯！（表贊同案主的話），當兵在受訓時，日子較艱苦，你對痛苦忍受的程度如何？

案　主：一點點而已。

工作員：是說不大多？那若遇到痛苦的事，你會如何處理？

案　主：忍耐呀！再怎麼樣痛苦的事，別人可以忍耐，我們也能忍耐呀！

工作員：唔！那很好！你上次提到過，你和家人的關係冷淡，那你每次回家時，家人的態度都如何？（此時，案主有包東西自褲袋中掉出來）是什麼東西呀？

案　主：沒有啦！（不太好意思的說），（停頓一下），（笑笑），是香煙啦！

工作員：剛才我是說到你和家人相處的情形如何？

案　主：都不說話啊！（神色稍有轉變，不大明朗）

工作員：怎不說話呀？

案　主：（沉默，頭低下去看自己的腳）

工作員：可否談談你平日在家的情形？

案　主：他們問我時，我才說。（擡起頭來，看工作員）

工作員：哦！他們問到你時，你才回答。那他們平常都問你些什麼呢？

案　主：問去哪裏呀？做什麼啊？

工作員：那你是否都老實的告訴他們呢？假如你跑去喝酒了，你是否會說呢？

最　主：嗯！（點頭）

工作員：你父母對你喝酒的態度如何？

案　主：不贊成啊！要我不要喝，早點回家睡覺啊！

工作員：你是否接受他們的勸告呢？

案　主：一點點。

工作員：似乎家裏的氣氛比較冷淡。

案　主：嗯。（談這些話時，案主的神情較凝重）

工作員：自兩個月前起，我們開始每月見一次面，你覺得這種方式的會談怎麼樣？

案　主：（沉默）

工作員：我只是想了解一下，作為以後的參考，能否試著說說看？

案　主：（仍然沉默，用眼睛看著工作員）

工作員：譬如你看我這個社會工作員，你覺得可以獲得什麼嗎？

案　主：鼓勵呀！

工作員：鼓勵，能否再多談些呢？

案　主：（沉默）

工作員： （停頓約一分鐘，然後說）我們來談談你平常做事的方
式，你平常大都是用什麼方式做事呢？

案　主： （想了一下）做了再想呀！

工作員： 哦！做了再想，聽起來好像不太有計畫，但若碰到措手不
及的事時，你會怎麼樣呢？

案　主： 會緊張啊！

工作員： 若是平常人，也會像你一樣感到緊張的，但我希望你當兵
之後，做事之前，能先考慮一下，事先想總比事後想較能
補救。

案　主： （點頭，表示接受工作員的建議）

工作員： 那我們今天就談到這裏，下星期同一時間我們再繼續談。

案　主： 可以（點頭）。

叄、個別督導——步驟與技術

一、督導從程序記錄中所發現的

督導從上篇程序記錄的對白中和字裏行間看出，這一位新進的社會
工作者田小姐的會談，其內容和技術上，有以下具有督導上的學習和討
論的意義所在：

- ·會談者顯示負責任，能針對問題，並且有幾項不同的主題；只是
技術上稍嫌直接、表面，以及忽略專業關係。
- ·案主的一些口語的反應，會談者曾觀察並記錄下來；可是，對這
些欠缺及時有效的應有對策。
- ·會談者的七項職責在該會談中，除了動力引發者和催化者，以引
導案主思考稍有表現外，其他如資料處理、專業關係等皆忽略。

‧雖然會談者進行一種有主題和有進度的會談內容，可是各主題談話末了之際的段落結語未曾出現。

二、個別督導會議：步驟與技術

田小姐如約來到督導者辦公室，打了招呼後，她自動坐在斜對角的靠辦公桌的椅子上。坐穩後，她看了督導者一眼，隨又頭略向下低，且視線放在辦公桌的週曆表上。於是督導者打開話閘：

督導者：田小姐，詳細讀了妳的會談程序記錄之後，我發現妳對該會談個案很負責，也相當能針對問題發問和作一些必要的建議。當然，還有其他的發現，逐步尚可共同來討論的。不過，在此，妳是否可以提出妳想先討論的事項呢？

工作員：廖先生，我想先聽聽您對我的批評和建議。

督導者：（不論是現實性依賴或是對問題的抵制心理，還是先多支持些較妥當的）除了剛才我所說的以外，還有不少感想我會逐步與妳分享，比如，在這個會談中妳能把握主題；並且，妳也能觀察到案主的非口語反應。當然，我也關心妳自己在會談中的感受，不知妳自己的看法如何？

工作員：妳要我形容我當時的感受？……當時我好像沒什麼感受，一眼看到案主那個樣子，就直覺地那樣問他就是了！

督導者：是的；前面我也提到，妳確實很負責並且也能看出他的樣子；並且妳那樣問他也是一種可以的辦法，許多人也會那樣問的。

工作員：那麼，您說還有什麼更好的辦法呢？

督導者：對妳這個問題的尋求答案，可以用簡易的答案，也可以從分析當時的情況中來研判其他的可行途徑之二、之三的。

剛才提到妳當時的感受，這往往與一個人說出什麼話是有
關連，不知妳對當時的感受想出些什麼來了沒有？

工作員：　（凝神的表情和緩和的口氣）　如今想來，　看到他那個樣
子，我大概內心感到失望和生氣，他那麼不爭氣。

督導者：對於一位剛從學校畢業的新進社會工作員，並且職責感深
的人來說，會有這種感受，恐怕也是自然的現象，不是嗎？

工作員：其實也不需要那樣，反正他是案主而且未成年，何況伴隨
那樣的感情，也是無濟於事的。

督導者：那麼，進一步設想其他問法及其理由，是有其意義的，不
是嗎？

工作員：可是，我一時也想不出其他的問法。

督導者：假如妳考慮到與案主的專業關係，也考慮到對案主的啟發
作用時，就比較容易想到一些新的問法來，不是嗎？

工作員：(深思片刻)類似「你今天看來氣色不太好，你知道我關心你
的事，不知能讓我知道是怎樣一回事？」或許「你看來相當
疲勞，是什麼事情困擾著你呢？」也許能對案主更有幫助。

督導者：嗯，我同意妳的說法，同樣的方式也可以運用到其他類似
的事故上的。怎麼，妳還想到或想要談……。

工作員：看來我的會談技術太差，檢討起來太多錯誤的地方。

督導者：哦！妳感覺如此？其實，從剛才的一些新技巧的發現，也
可帶來更多的啟示，不是嗎？這也說明妳正在走向進步之
路上，專業成熟度就是這樣一步一步，一點一滴累積起來
的，這也是督導的主要功能之一啊！

工作員：（傾聽了上段話後，望著斜對面掛的月曆沒說話，但看來
有點茫然的樣子。）

督導者： （帶著關切的神情，默默地注視工作員）

工作員： 好吧！還是面對問題吧！看來每一段落的會談方法都有可被批判的地方。

督導者： 妳的意思是……

工作員： 我也不知該說些什麼。

督導者： 與其說是可被批判，不如說是可藉此經驗，尋覓其他許多可行性或更有效的途徑，這樣對工作較通暢有效，對案主帶來更多的福祉，同時對我們從事這項工作的人本身也可增加信心與滿足感，不是嗎？

工作員： 這麼說來，即便是心理的掙扎也是值得的吧！那麼，我該從哪裏接下去呢？

督導者： 我們已經談了不少，也談得相當深入，要不要喝點茶（於是順手從桌上的熱水瓶，以慣用的方法用茶袋沖了兩杯茶，一杯端給工作員）？

工作員： 我忽然想起，我上次在會談中，一直沾沾自喜，因為他的問題我都能猜得到，而且我也能給他不少指點，可是現在想起來，那樣做有點膚淺，並且和父母長輩訓子女差不了多少。（工作員右嘴角些微上斜地微笑的表情）實在有點好笑吧！

督導者： 我高興看到妳此刻心情輕鬆多了，一開始我也提過，妳是很負責也很能發現案主的問題，對一個剛從大學畢業的新進工作員來說，已難能可貴的了。說來，妳也是蠻有見解和做法的年輕人，妳也可以如此欣賞自己啊！

工作員： 在我們的社會背景之下，二十多歲的女孩子，這樣會不會被人家認為太厲害了。

督導者： 哦！ 妳有這種想法？ 在此我願意這樣說； 只要盡量朝客
　　　　 觀、理性、仔細以及緩和方式進行，那些將會對專業判斷
　　　　 和專業權威很有幫助的。我的印象也是妳是聰明能幹的女
　　　　 孩子，以後有關這方面的感受還可以提出來討論，因為這
　　　　 一些對白或認識和專業自我的培養有密切關係。是否讓我
　　　　 們回來談一談妳對那一次會談的其他發現好嗎？

工作員： 除了喝酒和睡不著覺的事以外，像對當兵的看法和心理準
　　　　 備，對家庭人際關係方面的事，我好像一下子，表示太多
　　　　 我自己的猜想和主觀的看法。那些應該以較緩和和間接方
　　　　 式，對此廖先生你可以給我一些建議嗎？

督導者： 好吧！ （翻閱了一下會談程序記錄，對原先做了記號的地
　　　　 方，提出了具體建議如下）： 比如問他：

　　　　 ・「快要當兵去了， 不知最近有些什麼想法， 或關心此
　　　　 　事，可以談一談嗎？」

　　　　 ・「這麼說來，你對當兵一事有不少心理準備，並且也有
　　　　 　決心要在當兵中對自己的種種自我努力，我願在此預祝
　　　　 　你這些會逐步實現。」

　　　　 ・「你和家人的關係，也是我所關心的，因為這對你有許
　　　　 　多方面的影響，可否說說看你對家人的看法？」

　　　　 ・「聽你這麼說來，從冷漠沈悶的家人與你的關係，也蠻委
　　　　 　屈你和使你難過的，如今要當兵去了，可能感觸更多。」

　　　　 ・「除了對你自己的感受之外，是否也可以讓我們談談你
　　　　 　即將離家到部隊之前，可以和家人增進一些什麼較有人
　　　　 　情味的事， 還有在部隊中如何與家庭連繫等。 你不覺
　　　　 　得，這樣做會有新的良好關係發展嗎？

工作員: （一直低著頭認眞記筆記，突然擡起頭來說）您的建議完
了嗎？

督導者: 是的，我一高興說了不少，該在此告一段落了，其實你自
己也可以進一步發現較適合你自己的口氣的，這些只供妳
參考。

工作員: （看看手錶）沒想到已談了這麼多時刻，督導時間已該結
束了。

督導者: 在未結束之前，是否還有其他要提出來討論的呢？尤其除
了會談記錄以外的。

工作員: 沒有什麼緊急的，原來想的其他個案的部份似乎也可以從
剛才討論過的去參考，還有的話下次再提出來好了。謝謝
您廖先生的許多指教！

督導者: 我也謝謝你的合作，下週同一時間再談，記錄仍請於兩天
前讓我過目，好嗎？

工作員: 好的！再見！

肆、團體督導: 原則與技術

　　團體督導是由英文的 group supervision 直譯而成的，它是社會工
作專業訓練新近普遍使用的方法。它是由一個督導者和數位受督導者，
以小組討論的方式，定期舉行討論會議。這種會議通常是每週（或每兩
週）舉行一次，每次一至二小時，連續舉行一段較長的時期（數個月到
一年或兩年）。

　　此種小團體的小組人員，由三至四人或八至十二人不等，原則上人
數不宜太多。這種討論會議的主要內容包括各工作人員專業服務過程上
的難題，每次由小組中的一或兩人提供書面（或口頭）的記錄和討論要

項。督導者和小組人員事先（或當時）詳閱或聆聽該類資料，然後由督導者主持小組討論，以深入了解有關情況和尋找解決的有效途徑，各小組人員可自我選擇和決定使用的方法和技術。

團體督導方法之常被使用於對專業工作者，是因為團體方式的指導有其獨特的功效，尤其機構工作人員人數多時，尤適用此法。

一般說來，使用團體督導方法有以下各項特殊功效：

・時間經濟，對象增多。

・機構政策和功能較易宣導，較能產生集體團隊行動。

・能增加工作者之間的互相學習和互相合作的訓練。

・能增進督導者的專業權威影響力。

・能透過團體互動的影響，以增強工作者自我認識和改變的效果。

【團體督導技術】

督導者主持這種團體督導會議時的技術有：

・督導者在團體面前要感到舒適，有興趣和有信心。

・督導者須熟悉團體成員的姓名、性格，並與之建立良好關係。

・督導者必須能引導團體成員集中注意力和向心力。

・督導者須盡量促使團體成員，能自動自發和自由自在地提出問題、觀點和建議。

・督導者要能把各種不同的觀點連結起來，並作比較分析和綜合，而得到共同了解和可性的結論。

・督導者必須用心傾聽團體成員所說的真正意思，並把握其重點所在。

・督導者須事先早有準備，但討論時宜富有彈性地加以修正。

・督導者必須使討論過程有進度的發展，不宜停滯在同一主題太長的時間。

- 督導者應以溫和、輕鬆、婉轉，以及幽默的方式，向團體成員說明和修正其共同所犯的錯誤。
- 督導者應敏銳地察覺團體成員的潛在感受，並加以妥切的處理和引導。
- 督導者對「社會感情型」(social emotional type)和「問題解決型」(problem-solving type)的成員，其表現和觀點，善加引導與應對。
- 督導者應對攻擊型和偏激型的成員，妥加處理和限制。
- 督導者應在討論的每段落作「段落結論」，並在結束時，提出清晰和具體的歸納和結論，以便受督導者領悟和方便實行。

伍、個案實例與會談程序記錄

一、個案的簡介

臺灣北部某市的社區工作員段正直先生，有一天上午在其辦公室，會見前來尋助的一位五十多歲的中年男性王先生，發現他看來腳步沉著和表情憂鬱，說是里長照會他來找社會工作員，王先生是因為他的一個兒子，好像有心理毛病，但又不聽父親的話一起去看醫生，使做父親的感到苦惱與不知所措。所以，他就來和社會工作員討論看有什麼辦法。

以下就是在會談室的接案談話對白：

二、會談（程序）記錄

工作員：是的，我了解你的來意。那麼讓我們一起來談一談，你的孩子的情形和我能幫你孩子些什麼忙。怎樣，可否說明一下你碰到的難題是什麼？

案　主: 我的大兒子今年十九歲了，精神不正常，生活也亂的很，帶他去看醫生又不去，爲他拿了藥也不吃，就是那樣一天到晚懶散，唉!

工作員: 是什麼時候開始這樣的呢?

案　主: 高三那年吧? 我兒子成績一向很不錯，可是高三第二學期開始成績轉壞。有一次，他跟家裏人說學校中有一位教高一英文的女老師，看過他的英文作文，誇他英文程度很好，要來我們家玩玩，結果那回我們到車站去卻接不到人。不曉得是不是真有這件事，還是他自己胡說八道的。以後沒有再問起他。

工作員: 他從小在家情況怎樣? 有沒有特別的事故?

案　主: 沒有，從小很內向，不喜歡說話，很乖啦!

工作員: 在學校的表現如何?

案　主: 功課很好啊! 高三下學期接近聯考時成績才下降。本來他是早睡早起，自己看書，後來很晚睡很早就起來。有時候他會告訴我們他整晚沒睡覺，一直在看書，可是功課反而不好。考完聯考以後，從不跟別人談起考的事，自己跑出去工作。對了，那時候開始自己會笑，無故發笑。

工作員: 和朋友交往怎樣?

案　主: 普普通通啦! 沒有比較談得來的朋友，他跟家人也是不太說話，只跟小弟比較要好。

工作員: 工作情形怎樣?

案　主: 別人幫他找的工作他都不要，自己找的工作才要做，先是在基隆市找到送油桶的工作。做了半年以後，和警員發生衝突，被拘留了三天，不幹了!

工作員：和警員起衝突？

案　主：嗯！有一條巷子本來是可以進去的，後來又禁止載東西進去，他不曉得，硬要進去。被巡邏警員發現，叫他他又不聽，結果警員用手攔他，他以為要打他，反擊回去，結果違警依法處拘留三天。

　　　　他有一個怪癖，工作時若有家人去看他，他就辭職不幹。像去年年初，他自己到臺北找了送瓦斯的工作，家裏人一直不曉得他的情況，結果過了二、三個星期去看他，他又不做了跑回家。

工作員：回家以後情況如何？

案　主：待了兩天，有一天下午五點多，要跟我拿錢到臺北找工作。我說太晚了，改天再去，他不聽，一個人走到臺北，一、二天後又回來。

工作員：走？你怎麼知道他用走的啊？

案　主：最小的弟弟問他的啊！來回走得腳都生水泡了，還告訴他弟弟說他五餐都沒吃，只在路上喝喝水。一回到家，拿錢到外面吃麵。

工作員：為什麼不在家裏吃飯呢？

案　主：他只吃自己煮的東西，別人煮的不吃。

工作員：外面的東西也是別人煮的啊！

案　主：外面的東西沒有關係啊！

工作員：不吃家裏的東西，有沒有說出是為什麼不吃呢？

案　主：沒說，就是不吃！

工作員：剛剛提到他哥哥回來，哥哥沒有和你們住在一起？

案　主：他哥哥是某學院畢業的，現在是汽車公司某分店的負責

人。我這大兒子和他都是領養的。大兒子知道自己是養
子,可是這個兒子在戶口上卻是報己生的。

工作員: 他是自己知道嗎?

案　主: 不知道,咦! 可能知道吧! 我也不太清楚。

工作員: 怎麼說的?

案　主: 是這樣子,高二那年,有鄰居和他同班,曾看到一個跟我
兒子很像的人去找他,我想他生母家一定有人告訴他了。

工作員: 他回家反應如何?

案　主: 高二那年開始,他生氣了就會跟媽媽頂嘴,說是: 我又不
是妳養的。我猜,他可能知道了,他生母也真不對,我去
年去找過她,責備她不應該再來打擾我家。

　　　她說她什麼都沒說,只告訴他他是收養的而已。我抱
養這孩子時他剛生下十多天,生母家不太有錢,說要給
人,我和他生父是朋友,給他九千元就抱回來了。我們都
待他如己生,戶口上報的也是己生的。

工作員: 上回他從臺北走回基隆後,一直待在家裏嗎?

案　主: 沒有,只待三、四個月。

工作員: 情形怎樣?

案　主: 在家吹吹笛、口琴、釣魚,都不幫忙家事,一個人住在三
樓的房間。

工作員: 與外界接觸如何?

案　主: 會到樓下看看外面,又上去,就這樣子待三、四個月。後
來,我介紹他去舅父家報關行打字,做雜務。可是他舅父
說他浪費,煙抽一、二口就丟掉,只做幾個月就回來了。

　　　自己帶幾百元到南部玩,錢用光了,從桃園走回家,

沿路乞討，喝喝水，睡路旁，挨了過去。這些都是他跟小
弟說的，之後他不再出去。

今年初，去當了六個禮拜兵，因為有色盲就回來了，
這半年來一直在家唱歌、釣魚、不說話、脾氣很壞，一發
脾氣把簫弄斷了。

他一天洗好幾次澡，一洗就是個把鐘頭，又常擤鼻
涕，鼻子又沒毛病，在家會練功夫，打禪面壁，又看《易
經》。我問他怎麼看的懂，他說看久了自然會懂。不吃家
人做的東西，別人翻開鍋蓋看他煮什麼，他又不吃了，連
開水都自己燒。

工作員：他在家有沒有自言自語的現象？

案　主：沒有。

工作員：會不會沒有聲音，而他卻聽到什麼了？

案　主：不會啊！

工作員：他起居怎樣？一個人住三樓，自己會不會照顧自己？

案　主：想睡就睡，沒有規律，衣著還算整齊。對了，他雖不吃
　　　　藥，卻又會偷吃，打開瓶蓋，把藥喝了。還有他爬往小弟
　　　　房間，把小弟撲滿的錢挖出來，排在桌上，也沒有拿走，
　　　　很多事都令人費解。

工作員：你自己對你兒子的這些情形的看法以為如何？

案　主：我想是他生母家的關係，聽說他生母生了小孩以後心臟不
　　　　好，就沒出門了。我打聽之下，好像是話很多，頭腦怪怪的，
　　　　還有他家老大、老二，好像也有毛病，很喜歡往外跑。

　　　　我以為他遺傳方面有問題，加上他高二那年生病的刺
　　　　激，大概就是這樣子。段先生，你看我們能怎麼辦？

工作員: 那麼, 今天的時間差不多了, 另外定一個時間, 來討論如
何幫助你的孩子。

陸、團體督導會議: 程序與技術

一、督導者從程序記錄中發現的

督導者於督導會議之前, 詳細閱讀社區社會工作員段正直先生的會
談程序記錄, 並試圖從案主(其子)問題性質, 案父 (受會談者) 的難題
與需求, 工作者的專業技巧和個人性格特質、機構 (或單位) 的功能,
督導者本身的職責, 以及團體督導會議的運作等方面思索, 會議記錄上
所顯示的可選用的要點, 摘錄要點如下:

- 這位父親前來申請協助的 心 情 , 他對其子的病及性格之瞭解程
  度, 他可從與社會工作者的會談中獲取的支持與協助, 各如何?
- 這位二十來歲兒子的社會適應問題、病症以及其異常表現, 他自
  己的感受和認識, 疑似精神病者之一的病態感, 各如何?
- 這位工作者, 在會談中所表現的專業職責面、個人性格面, 以及
  兩者互動情形各如何? 以本次團體督導會議言之, 能涉及到那種
  程度?
- 這個團體督導會議的諸成員, 可以從這一份程序記錄中發現可學
  習之處有那些? 提個案的個別工作者, 其本身可被啟發並與同仁
  共同思考和學習之處如何?
- 督導者本身宜以程序取向抑或目標取向, 做為本次督導會議的方
  向與步驟呢?

督導者在督導會議前, 其本身的成熟思考與當場中以應變或有彈性
的方式, 面對團體督導的全體成員和個別成員的共同和個別需求, 均為

閱讀所提供督導討論資料時所經常要把握的。

　　在這些妥切準備之下，督導者依例訂的每週二次的團體督導會議中，與全體同仁一起進行討論。

二、團體督導會議的程序與技術

督 導 者：諸位同仁早安！今天上午這兩小時的督導會議，與經常每週一樣，有一個案資料來討論。現在在座八位同仁都有段先生的會談記錄在手上，我們今天如何開始呢？（眼神環視八位同仁）

工作者們：（有三位低頭看資料，有兩位在寫字，其他三位傾聽神思的樣子，大家約有兩分鐘沒作聲。）

督 導 者：需要不需要對程序記錄再仔細讀一遍，或段先生有沒有什麼口頭的補充報告？

段 正 直：我想還是聽聽大家的看法，隨時有需我補充的，到時我會樂於奉告的，謝謝廖先生的好意！

秦 多 劍：我想把這份記錄從頭到尾讀一遍，使大家更清晰內容，並且更能針對問題討論，不知其他同仁們的看法如何？或事先看過記錄，但多聽一遍會更能激發靈感的。

督 導 者：怎麼，對秦先生的想法和建議有何意見？

柯 乃 馨：我來唸好了！我耐心夠且聲音不難聽。

督 導 者：（巡廻式的看了全體成員，看到有人搖搖頭，多於點頭的）要照柯小姐的意思做嗎？

卜 占 成：能從頭到尾唸好些，只是一個人唸負擔重了一點，何況段先生是男的，那位案主也是男的，柯小姐唸不太符合現場模擬的作用。我同時有兩種想法，每人輪流唸一

句，或是由兩人對白。

督 導 者: 其他同仁的看法如何? 贊同由卜先生提的兩種方式中選
一個嗎?

工作者們: (其中兩、三位異口同聲地說對白方式好。並推定由段
正直和卜占成兩先生以對白方式唸完。)

督 導 者: 相信現在大家已相當能進入情況討論了，從這些記錄對
白中，大家發現那些比較有助益的討論事項呢?

費 深 斯: 上兩週的討論都在會談技術上打轉，這次是否換一種方
式，先提出一些課題，比如對這個個案的初步診斷或行
為的分析，事實上段君問得蠻順利的。

馬 仁 水: 那也不見得，段兄未免太缺乏感情，也沒有安慰這位父
親，接納他的感受。對不起! 我這樣說好像在給段先生
潑冷水。

督 導 者: 哦! 段先生會介意嗎? 我想他歡迎大家指教，大家也相
互指教，才是這種督導會議的主要目的，不是嗎?

工作者們: (先後提出值得討論的課題，並經交換意見之後，排定
討論次序如下)。

督 導 者: 那麼就讓我們依次討論:

第一: 個案診斷，這個父親的兒子有什麼不對勁?

第二: 案父的要求，段先生可對這父親做些什麼?

第三: 機構功能，社區社會工作者對這種性質的個案能
做些什麼，其他怎麼辦?

第四: 下次會談的方向與內容，起碼對父親心理支持，
並且照會到何處，手續應如何?

怎麼，對上述問題大家的看法如何? 請表示看法,好嗎?

吳 文 娟：段先生已問出不少資料，我想這個個案是精神分裂病，要住精神醫院，我們無能為力。

費 深 斯：也許只能說「疑似」精神病，社會工作人員不可做精神診斷，況且適於何種精神病，也是精神科醫師的專業領域。

其實社區社會工作者，還是可以做初步接案，然後從事照會的工作，這種個案我們還是要做些什麼才好！

馬 仁 水：我看只要從這個父親的接納和支持開始，並且幫助他瞭解他兒子有病。

督 導 者：剛才這一段落各位所提的都很重要，是否也讓我們談談接納和支持的具體話語呢？

吳 文 娟：比如：父親在兒子這種情形之下他老人家的內心感受如何？接著說：那也難為你做父親的，你的處境和感受我能瞭解等。

段 正 直：我贊同吳文娟小姐的具體建議，我當時怎都想不到這一些呢？我自己都有一點奇怪。

柯 乃 馨：你一向都表現冷靜理智，缺乏溫情的男人，好像沒有什麼好奇怪的。

督 導 者：有時候當我們會談中集中了收集資料時，會傾向於職責完成重於案主的需求和服務，好像是難免的現象，但一次又一次經驗和大家共同思考之後，可使每一個工作者同一時間可兼顧各方面的需求和適切地對應的。我想請諸位再提出你們對這個個案的其他看法。

卜 占 成：廖先生剛才所說，對段先生支持與保護作用大，其實牛還是牛，到廣東還是牛，工作者個性是難改的，恐怕沒

　　　　　　　　有那麼容易吧!

督　導　者：是的，自我認識的訓練是要多費點功夫的，以後我們可
　　　　　　　以進一步討論，不過日常與案主的接觸中我們都須敏銳
　　　　　　　察覺和反應，還是可以做到的。

督　導　者：這次我們討論得相當熱烈，可惜時間已快到了，最後一
　　　　　　　兩分鐘再請表示你們的看法。

馬　仁　水：雖然還有須討論的內容，比如如何照會等。但是，我發
　　　　　　　現還有人未發言過，怎麼一回事，督導者對他們有什麼
　　　　　　　指教的?

督　導　者：好像每次都有少數一兩位沒說話，而且好像也是同樣的
　　　　　　　那少數人，有時好像也有輪流沉默的情況。馬先生也許
　　　　　　　不會反對我這樣說：任何開會都會有少發言或「聽長」型
　　　　　　　的人，那是自然的現象，但是不是盡量把想的說出來，
　　　　　　　經與他人交換意見後驗證與修正，更能肯定和有效，另
　　　　　　　外，協同思考對大家都有益。怎麼，秦曉星先生和陳莫
　　　　　　　莫小姐，下次看你們的了!

工作者們：（大家看著「聽長」們，同聲一笑!）

督　導　者：我想大家都希望這個討論能再延長一點，但時間不允許
　　　　　　　我們了，我也不再像以前幾次那樣一一作結論，還好大
　　　　　　　家的看法都說得清楚，也聽得仔細。對了，段先生下次
　　　　　　　不妨把這次所討論的試著用在與這位父親的會談上，並
　　　　　　　且與他討論到照會機構的問題，事先也跟要照會的機構
　　　　　　　連繫看看，這樣工作會更順利的。還有，下一週要提出
　　　　　　　的是什麼個案，何時可讓我們都看到呢?

陳　莫　莫：下次我提一個看了三個月長的個案，是接案、診斷、服

務（治療），以及區間評價的綜合記錄，是摘要報告，
但還是長了一些，可三天前提供給諸位。

督　導　者:　（在欲罷不能的情況之下，還是說）各位同仁沒有什麼
其他意見了吧!

我們下週同一時間再見! 謝謝諸位的合作。

本章參考書目

Akabas, S. & Kurzman, P. A. (Eds.). (1982). *Work, Workers and Work Organizations: A View from Social Work.* Englewood Cliffs, N. J.: Prentice-Hall.

Austin, M. J. (1981). *Supervisory Management for the Human Services.* Englewood Cliffs, N. J.: Prentice-Hall.

Bracht, N. & Anderson, I. (1975). "Community Fieldwork Collaboration between Medical and Social Work Students." *Social Work in Health Care,* I(1), 7-17.

Beatty, R. W. & Schneier, C. E. (1977). *Personnel Administration: An Experimental/Skill-Building Approach.* Reading, Mass.: Addison-Wesley.

Council on Social Work Education. (1985). *Colleges and Universities with Accredited Social Work Degree Programs.* Washington, D. C.: Author.

Derber, C. (Ed.). (1982). *Professionals as Workers: Mental Labor in Advanced Capitalism.* Boston: G. K. Hall.

Gambrill, E. & Stein, T. J. (1983). *Supervision*: *A Decision-Making Approach*. Beverly Hills, Calif.: Sage Publications.

Kadushin, A. (1976). *Supervision in Social Work*. New York: Columbia University Press.

Patti, R. J. (1983). *Social Welfare Administration*: *Managing Social Programs in a Developmental Context*. Englewood Cliffs, N. J.: Prentice-Hall.

Shulman, L. (1982). *Skills of Supervision and Staff Management*. Itasca, Ill.: F. E. Peacock Publishers.

Shulman, L. (1982). *Skills of Supervision and Staff Management*. Itasca. Ill.: F. E. Peacock Publishers.

Weissman, H., Epstein, I. & Savage, A. (1984). *Agency-Based Social Work*. Philadelphia: Temple University Press.

廖榮利: 〈督導員工的技術〉, 《人事月刊》。臺北: 行政院人事行政局, 民國七十八年。

廖榮利: 《督導技術》。臺北: 社區發展研訓中心, 民國七十年。

第十二章　諮　　詢

壹、諮　　詢

一、諮　　詢

【諮詢與人羣服務】

　　諮詢（consultation）是一種間接的專業服務。在諮詢的過程中，諮詢者常藉其與受諮詢者之討論與建議，促使受諮詢者有效解決工作上的難題；他並進一步提升其專業服務的效率與素質。所以，諮詢者本身，雖然不一定直接接觸服務對象，他仍然以間接方式影響受助對象，應獲取的專業服務內容與品質。諮詢是一種高層次的專業服務工作，它是協助有關的專業和非專業人員增進其工作技能的一種方法（Barker, 1987）。

　　在現代各種人道服務或助人專業的運作上，諮詢已形成一種不可缺少的工作方法。有的諮詢活動是發生於同一類的專業人員之間的，有的則使用於異類專業領域。比如兒童福利工作人員向心理衛生社會工作人員諮詢是前者，而後者如公共衛生護理人員向公共衛生社會工作人員諮詢。也有不少的諮詢服務是較低層次的人員向高層次的人員的請教工作方法。

【諮詢與服務效能】

　　能善於運用諮詢服務的機構（單位）和工作人員，他必能使其工作

通暢有效，並爲服務對象確保應有的福祉。不論公立的社會福利機構或民間的社會機構設施及其人員，當編訂工作計畫與日常工作進行中，不只有問題要運用諮詢服務；並且爲了進步中求進步，使所提供的服務創新與升段，均應運用諮詢服務。因此，日常工作確認諮詢的需求與價值，並在可能範圍內，先界定諮詢的類別，以便尋求諮詢者。

從社會工作或其他與社會服務專業服務相關的文獻中，均常出現「諮詢」一詞，其理由是：諮詢也是一種專業服務方法，其特點是貫穿各體系和層次的專業服務。諮詢被認爲是：一種互動的助人過程；也就是說，它是經由一種人際關係，以達成某些目標，所採取的一連串步驟。

【諮詢者與受諮詢者】

在說明社會工作諮詢的定義之前，有兩個名詞必須加以澄清。一個是「諮詢者」(consultant)，另一個是「受諮詢者」(consultee)。

所謂諮詢者，指的是在專業服務處理的過程中，執行某種專責，擁有較多專業知識和技術的人。

受諮詢者，通常也是專業人員，指的則是在其工作中遭遇困難，需要諮詢者的專業知識和技術，加以解決問題或改善方法的人。

諮詢與個案工作、諮商、心理治療等「給與取」(give and take)的助人專業過程之不同，在於下列兩項事實：第一、它把解決問題的焦點，放在專業人員執行工作所遭遇的困難上面。第二、受諮詢者的認定，通常以扮演專業角色者爲限。

【近、中、遠程目標】

諮詢服務的近程目標，在透過諮詢者與受諮詢者的互動，使受諮詢者能更有效地處理在工作中所遭遇的問題。諮詢的遠程目標則與督導相同，均在爲案主提供更充分、更有效的專業服務。至於諮詢服務的中程目標，則與工作員的專業發展有關。有了諮詢者的協助，知道如何處理

某些特殊的問題之後，受諮詢者就有了更充分的準備，以處理類似的問題。

二、諮詢的定義

(一) 諮詢

諮詢比較具有代表性的定義有柯布仁、包亨姆，以及歌爾門等人所界定的。

- 柯氏認爲：「諮詢是兩種專業人員——諮詢者與受諮詢者——之間的互動過程，諮詢者是專家，受諮詢者需要其協助，以處理工作中所遭遇的問題。」(Caplan, 1970; Kadusin, 1977)

- 包氏認爲：「諮詢是一種過程，透過此種過程，諮詢者提供專業知識和技術給受諮詢者，以助其達到解決問題的目的。假設上，受諮詢者負有尋求諮詢的責任，但亦有權決定是否（全部或部分）採用諮詢者所提供的建議。」(Boehm, 1956)

- 歌氏認爲：「專業諮詢是一種計畫變遷的過程，經由此種過程，諮詢者與受諮詢者（個人、團體或組織）建立起關係，以助其使用專業知識與技術。諮詢服務的首要目的，在促使受諮詢者增進、發展或修正其知識、技術和（或）行爲，以解決其在工作中所遭遇的問題。而其次要目的，在於使受諮詢者，更有效地預防或解決未來可能遭遇到的類似問題。」(Gorman, 1963)

(二) 社會工作諮詢

社會工作諮詢一詞是英文 consultation in social work 直譯而成，它是國內社會工作教育和行政界近年來開始較常使用的新名詞。社會工作諮詢的第一種定義是：

諮詢工作用於社會工作專業活動是指一種發現問題的程序，是由一

位（或數位） 專業知識和經驗深厚的諮詢者或專業者， 向一位 （或數位） 新進的或基層的工作人員提供所需的資料與輔助， 期能增強受諮詢者的專業職責之達成。 至於諮詢的內容在於增進受諮詢者的專業知識和操作技術， 修正其專業態度和行為表現(Rapoport, 1963)。

因此， 諮詢的結果， 能使受諮詢者增進對問題的解決和一般工作能力， 以達成比較高度的專業服務的功效。 所以諮詢是確保工作進行和工作素質的方法之一， 是提供專業服務時之催化劑。

總之， 諮詢是一種助人的過程， 在此過程之中， 它需要使用各型各類的專業知識、技術和關係。 其目的， 在於協助受諮詢者更有效地執行其專業的職責。

社會工作諮詢的另一種解釋是:

社會工作諮詢是一種解決問題的專業方法， 這種方法包括在一種有限時間內對於某些要達成的目標， 透過知識較深厚的專家 （即諮詢者） 和知識較淺的專業工作者 （即受諮詢者） 之間的契約關係中， 對於專業活動過程中的特殊問題的性質之確定， 發現解決問題的途徑， 以及採行有效的行動， 以增進專業知識和技術， 修正其專業態度與行為， 以達成對受助者服務功效的提高(Rapoport, 1963)。

因此， 社會工作諮詢是 一種專業方法， 是專業人員之間的專業活動， 旨在促進對受助者的服務功效， 為服務受益人帶來更大福祉。

對諮詢工作的意義有如上初步的認識以後， 我們不難聯想到以下的課題， 這些有的屬於社會工作專業全體性的， 有的則與社會福利關係密切的。 這些課題包括有:

- ·在臺灣社會工作專業化努力過程上， 社會工作諮詢的重要性如何? 增進諮詢服務的有效途徑有那些?
- ·在我們日常的各種社會工作專業服務， 和各層面的社會服務活動

中，諮詢需求的被認定和所採行的方法各如何？

· 從事社會福利決策與運作過程中，諮詢的需要性和可運用範圍如何？其中，從社會工作諮詢者的得助比例有多少？

· 從各層次的社會福利工作之運作上，發現諮詢的內容之共同性和差異性各如何？如何界定與分工？

此外，還有一些學者提出了有關諮詢的定義。布羅克班克認為諮詢是「與諮詢者的特殊知識領域有關的」(Brockbank, 1968)。艾肯把諮詢界定為：「諮詢是一種過程，在此過程中，諮詢者被請求在特定的知識領域內，提供專業的工具與指導給他人，諮詢者在此領域內是專家。」(Aiken, 1965)史密斯則認為：「諮詢是個人可以用來鑑別專業、分享專業的一種工具」(Smith, 1975)。

貳、諮詢者

一、諮詢者

塞格爾指出：「諮詢者是一名專家，他須擁有豐富的知識，熟悉某一特殊的領域，……，如果要想對他人提供協助，首先他必須在專業的領域內擁有厚實的知識基礎」(Seigel, 1955)。

對一個諮詢者而言，首要條件，就是在專業的領域內，擁有特殊的知識和技術。如果他缺乏某些可認同的、夠資格的專業知識和技術，他是不會被申請或允許提供諮詢服務的。

諮詢者的主要特徵之一，就是擁有某些可辨明的、已建立的專業知識和技術。一般的字典，把「提供專業工具」界定為諮詢。但是這些定義，值得吾人再三思量。如《韋伯字典》(Webster)把「諮詢者」界定為「在特殊的知識或訓練的領域中，提供專業知識、技術，以及工具的

人」。

「諮詢者」一詞，就像「督導者」（supervisor）一樣，很少被單獨使用。它通常須伴隨某種專業名稱來使用，諸如「精神病理諮詢者」、「護理諮詢者」、「法律諮詢者」、「社會工作諮詢者」，以及「工程諮詢者」等。由此可知，只要人們一提起諮詢者一詞，就會令人聯想到，他是那一門專業的。因此，一個人若想成為諮詢者，或者希望被人認為是諮詢者，在此之前，他必須先成為某一方面的專家才行。

當諮詢者應詢之際，首先須協助對方類化其諮詢需求，以確定其需諮詢的主要內容與目標。有經驗的專業社會工作者均會同意，界定工作內容和設立預期的目標，是完成工作職責和確保服務素質的必要條件（廖榮利，民七十七）。

諮詢者提供服務的對象，也就是預定達成的目標，包括了案主、受諮詢者以及機構。其中受諮詢者，可能是一個人，也可能是一個團體或社區。諮詢者與受諮詢者之間，並沒有職務上的從屬關係。因此，受諮詢者並不需要對諮詢者負行政上的責任，甚至他可自行決定是否要接受諮詢的服務。換言之，諮詢者與受諮詢者之間，完全是一種志願而非約束的關係。

諮詢者並不直接向案主提供服務。他是透過提供直接服務的工作員來影響案主。因此，就像督導一樣，諮詢也被認為是一種間接的、無處遇（nontreatment）性質的服務。基爾摩（Gilmore, 1962）曾指出：「受諮詢者使用諮詢服務，然而其服務的過程中，具有一種類似滲透（fliterdown）的作用」，這種說法的主要依據乃是，由於受諮詢者所獲得的正面影響，亦終將影響及於案主。

二、諮詢者的風格

做爲一位專業領域中的諮詢者，他有一些共同的特性。此種特性或稱爲諮詢者的風格，恰好可以以其英文字母中的首位字母所巧合的字彙中顯示出來（廖榮利，民七十二）。

【諮詢者的風格】

Candor	（公平率直）
Objective	（客觀）
New concepts	（概念新穎）
Special skills	（特殊技能）
Understanding	（深入瞭解）
Liaison	（連絡）
Technique	（技術）
Allied experience	（相關的經驗）
New outlook	（新展望）
Teamwork	（團隊工作）

三、社會工作者充任諮詢者

有時候，社會工作者也會向其他的社會工作者扮演諮詢者的角色。他們協助其他社會工作者推行新的服務方案。這些新的服務，需要諮詢者提供特殊的知識和經驗。例如：中途之家、托兒所、家庭主婦服務、老年市民方案、祖父母寄養方案等等。

社會工作者曾經被政府機構聘請爲諮詢者。醫療社會工作者在殘障兒童服務方案中，被聘請爲諮詢者。社會工作研究者在社會工作研究計畫中，被聘請爲諮詢者。醫療社會工作者和精神病理社會工作者，曾經向縣福利部門及兒童福利工作者提供過諮詢的服務（Rosenthal and Sullivan, 1959）。

近年來，由於案主組織的發展和增設，使得對社會工作諮詢的需求量劇增。養父母的組織就聘請了社會工作者當做諮詢者。此外，社會工作者也為智能不足兒童的父母親所組織的團體提供過諮詢的服務。新近由柯林斯與潘寇斯（Collins and Pancoast, 1976）所做的研究報告中，曾經詳細地報導社會工作者為家庭育嬰中心，所組成的鄰里團體所提供的諮詢服務。

美國聯邦政府曾經通過一項法案，要求心理衛生中心必須提供諮詢，做為社區服務的項目之一。因此，許多精神病理社會工作者就被心理衛生中心聘請為諮詢者，其他社會工作者，也為法院、矯治機構、學校、教堂，以及社區團體提供諮詢的服務。

其他社會工作者向醫師、律師等提供諮詢服務的例子，不勝枚舉。這些例子往往是以案主為中心的內容，且可看出其功能。

叁、受諮詢者

一、受諮詢者

受諮詢者（consultee）是指申請暨領受諮詢者所提供之諮詢服務人員。當社會工作者扮演諮詢者時，其服務對象就是受諮詢者。

當社會工作者本身需向諮詢者申請暨領受諮詢服務時，他便扮演受諮詢者的角色。

二、社會工作者充任受諮詢者

在早期社會工作者的諮詢經驗當中，社會工作者最常扮演的角色，就是「受諮詢者」的角色。而諮詢者大部分則是社會機構所聘請的精神醫學家(Rosenberg, 1980)。

由美國家庭服務協會對其會員機構,所做的一項調查資料顯示,上述情況至今仍極普遍。家庭服務機構從社會工作以外的專業領域,共僱用了三百一十四名諮詢者,其中以精神醫學家為數最多,佔總數的百分之五十五,其次則是心理學家和律師 (Wenston, 1982)。

不過,後來家庭服務機構僱用其他專業諮詢者的情形,已有逐漸減少的趨勢。當然,家庭服務機構的情況並不具代表性。同時,這種趨勢所反應出來的不是需要模式的變遷,而是政府財政支出的緊縮。無論如何,家庭服務機構僱用社會工作以外的諮詢者,已經減少到百分之十九弱。

從最近的一項兒童照顧服務輸送系統的研究顯示,需要律師做為諮詢者的情形,有逐漸增加的趨勢。這一點,從有關兒童保護、監督機構所產生的許多法律問題看起來,是可以了解的。社會工作者除了向精神醫學家、律師和心理學家尋求諮詢外,還經常向醫師、營養學家、職業治療師,以及家庭經濟學家尋求諮詢。

近年來,社會工作者和社會工作機構已經從許多先前甚少接觸,甚至從未接觸的專家獲得了諮詢。電腦程式師所提供的諮詢,為社會工作者解決了機構運作電腦化的問題。企業管理的諮詢者,也協助公共福利機構和民間志願團體解決了改組的問題。組織分析師 (organizational analysists) 經由諮詢服務的提供,也把一些重要的觀念和措施引進了社會機構。這些觀念和措施包括: 目標管理、腦力激盪 (brain-storming)、電腦模擬 (computer simulation)、問題調查、團體決策、工作績效分析以及方案評估等。

除了提供豐富完整的知識以外,諮詢者還可以做為社會機構與專業團體之間連絡的橋樑。所以,社會福利機構就常借助於醫療諮詢者,來聯繫地方醫療團體,為案主提供醫療服務。有時候,社會工作者也會從

其他擁有特殊技能的社會工作者接受諮詢的服務。美國家庭服務協會還指出，該會分散在全國各地的會員機構，曾經以「社會工作諮詢者」的名義，僱用了三十六個社會工作者做為諮詢者。

在科際合作的關係中，社會工作的諮詢者，需要經常與其他的專業人員，尤其是所屬機構的專業人員保持必要的接觸。學校社會工作者，需要向教師和行政人員請益。醫院社會工作者，需要向醫師與護理人員請益。精神病理社會工作者，需要向心理衛生中心的精神醫學家、心理學家以及護士請益。社區工作者，需要向負責都市更新計畫的專家們請益。在這些諮詢關係中，包括了兩種人在內，一種是社會工作者，一種是其他的專業人員。

肆、諮詢的目標與原則

一、目標

諮詢的過程中，包括有諮詢者與受諮詢者，受諮詢者將所感受到的工作上的難題提出，而諮詢者對問題深入探究，同時以其專業知能和經驗，對受諮詢者的思考及行動上加以期許與影響。因此，諮詢的進行應能推動及其結果應能達成以下各項目 (Caplan, 1970)。諮詢的目標包括有：

（一）使受諮詢者產生自動自發的行動，並對他本身的各種行動負責。

（二）使受諮詢者增進能力，以做較明智的決策和自我引導。

（三）使受諮詢者成為有分析和評判能力的專業人員，以對他人有敏銳感受和適切反應。

（四）使受諮詢者充實應具備的知識和技術，進而能適切有效地處

理或解決問題。

（五）使受諮詢者能以較具彈性或應變與明智的方法，去適應新的問題或情境。

（六）使受諮詢者能裝備面對和處理問題的內在潛能，並能富有創造性和舒適地運用其原有的工作經驗。

（七）使受諮詢者在各項專業服務過程上，均能願意和有效地與旁人合作與協調的工作態度與行動表現。

（八）使受諮詢者的工作動機，並非爲了獲取他人的讚賞而已，而是爲了自我實現與社會職責感的達成。

上述可以說是一位合格的諮詢者，即「顧而（能）問」的顧問人員，所應發揮的諮詢功能。今天我們社會中，能達到這種層次的顧問或諮詢人員有幾許？培養這類顧問人員的有效途徑爲何？機構（或單位）尋覓諮詢人員的取決條件如何？在現實情況之下，提供諮詢時應遵循的準則有那些？這些準則又如何能使受諮詢者善加運用呢？也都是值得我們關注的課題。

二、原則

事實上，一個諮詢者對受諮詢者並不享有社會契約中的約束力。因此，要使受諮詢者在一種舒適、受鼓勵以及願意的情境中，產生自我學習和改變，必須相當講究「教與學」的原理。尤其接受諮詢的工作人員，均爲成年人，成年人的學習特徵之一是屈就感和選擇性。

因此，善於運用教與學的原理，以啟發和引導求取諮詢的工作人員，促使他們能改變意願和專業職責感，並付諸經常性的行動（Abromovitz, 1958）。

伍、諮詢的類型

諮詢的類型，學者之間有各種不同的分類方法。此地我們採取柯布蘭 (Caplan, 1970) 的分類方法:

· 以案主為中心的個案諮詢
· 以受諮詢者為中心的個別諮詢
· 以方案為中心的行政諮詢
· 以受諮詢者為中心的行政諮詢
· 支持性的諮詢

一、以案主為中心的個案諮詢

此類諮詢的內容，與一個特殊案主或一羣案主工作上的困難有關。案主是此類諮詢欲改變的目標。案主可能是個人、團體或社區。

以案主為中心的諮詢，其首要的目的，即在使諮詢者為受諮詢者提供足夠的能力，以輔助案主。我們可以從兩個基本的層面來看諮詢者與受諮詢者的關係; 第一，受諮詢者可以獲得良好的建議，以其在將來即使沒有諮詢者的協助，亦可從容地處理類似的問題。

以案主為中心的個案諮詢，其次要目的在增進受諮詢者的知識與技術，使其能更有效地協助案主。因為，這一類的問題，多半由於受諮詢者缺乏某些知識或技術而引起。

從下列的柯布調查 (Kadushin-Buckman Inquiry) 所獲得的反應中，我們可以了解個案諮詢的最新趨勢。這些反應，是由社會工作諮詢者所提供，也可以說是以案主為中心的個案諮詢中的一些類型的典範。這些反應有:

(一) 一位社區心理衛生機構的諮詢者，向一位初中校長，為一個

患有暴露狂的學生，提供了諮詢的服務。

（二）一個醫療社會服務機構的督導者，向一家醫院急診室的醫師，爲一名八個月大受虐待的嬰孩，提供了服務計畫的諮詢。

（三）一位學校社會工作者，向一家醫院的心理衛生部門，爲一個逃亡的十幾歲的少女，提供了診斷及治療計畫的諮詢服務。

（四）一位公立心理衛生中心的門診服務部的工作者，向一羣孿生兄弟（姊妹）的父母，提供了親職教育的諮詢服務。

（五）一位學校社會工作者，向一位小學教師，爲一名父親患有心理疾病的兒童，提供了諮詢的服務。

（六）一位社會工作的諮詢者，向一位安養之家的護士，爲一名老年病人的性行爲和攻擊行爲，提供了諮詢的服務。

（七）社區心理衛生中心的一位精神病理社會工作主任，向一位觀護人，爲一名無家可歸的青年，提供了危機調適的諮詢服務。

（八）家庭服務機構的一位社會諮詢者，向養育機構的一位指定社會服務工作者，爲一名患有嚴重誇大妄想症的病人，提供了管理上的諮詢服務。

（九）一位醫療社會工作者，向一位小兒科醫師，爲一名家庭關係不良的青少年，提供了有關發展工作治療計畫的諮詢服務。

（十）公立兒童福利機構的一位社會服務諮詢者，曾向一位律師提供了有關社會機構收養程序及需求的諮詢服務。

二、以受諮詢者爲中心的個案諮詢

此類諮詢的內容，同樣是與一個案主或一羣案主的問題有關。然而，這一類型的諮詢，依照柯布蘭的解釋：諮詢者的首要目標，是了解受諮詢者工作困難的性質，並協助他加以克服之（Caplan, 1970）。受

諮詢者是此類諮詢欲改變的目標。此類諮詢的首要目標，在修正受諮詢者的態度和行為；次要目標，則在於使其能更有效地協助案主。

此外，此類諮詢尚有一個目的，就是透過對案主困難的討論，減輕受諮詢者所遭遇的困擾，以增進其自我認知與自我了解。

從下列柯布調查所獲得的反應中，我們可以了解此類諮詢的最新趨勢，這些反應，是由社會工作諮詢者所提供，也可以說是以受諮詢者為中心的個案諮詢，其中一些類型的典範。這些反應有：

（一）一位精神病理社會工作者，向一所嬰兒加護病房的住院醫師，為其處理有關病危嬰兒的感受問題，提供了諮詢的服務。

（二）一位學校社會工作者，向一位初中教師，為其處罰調皮學生的感受問題，提供了諮詢的服務。

（三）一位諮詢者向一位醫生，提供了有關如何告訴一位臨終病人病情的諮詢服務。

（四）一位精神病理社會工作者，向婦女諮商服務機構中一位初入道的諮商員，提供了有關諮商責任不適當與不安全的感受的諮詢服務。

（五）州衛生部門的一位公共衛生社會工作諮詢者，曾向一所兒童醫院的一位醫療社會工作者，為了她參加「嬰兒加護服務計畫」行動的資格問題，提供了諮詢的服務。

三、以方案為中心的行政諮詢

此類諮詢的內容，是屬於工作計畫與行政的範疇。其目的在於探討如何發展一個新的方案，或改進一個既有的方案（Caplan, 1970）。此類諮詢欲改變的目標是機構、機構的功能、方案以及行政。問題的關鍵，在於機構的組織與（或）行政。經由以案主及受諮詢者為中心的個案諮詢，能使吾人更了解案主的情況及解決的辦法。同樣地，經由以方

案爲中心的行政諮詢，亦可加深吾人對機構組織、計畫以及行政行動的了解，進而加速機構的改革與發展。

如果，以案主爲中心的諮詢所關心的是案主態度與行爲的改變；如果以受諮詢者爲中心的諮詢所關心的是工作員態度與行爲的改變；那麼，以方案爲中心的行政諮詢所關心的則是體制的有效改變。一位以案主爲中心的諮詢者，可以協助一位做教師的受諮詢者，爲一名智能不足兒童，設計一個活動方案。一位以受諮詢者爲中心的諮詢者，可以協助這位做教師的受諮詢者，調適他（她）對這名智能不足兒童的負面及排斥的態度。一位以方案爲中心的諮詢者，可以協助一位學校行政人員的受諮詢者，考慮開放式的教學課程，或是做學制上的改變，以爲智能不足兒童創造出一個更有利的學習環境。

以案主爲中心的諮詢，需要對案主有診斷性的了解；以受諮詢者爲中心的諮詢，需要對工作者有診斷性的了解。同樣地，以方案爲中心的諮詢，亦需要對機構的組織、過程、法規以及妨礙功能運作的缺失，有診斷性的了解。

以方案爲中心的行政諮詢，所努力的方向是經由行政及社會體制互動的過程，運用專業的知識與技術，以協助機構創設、設計、修改以及完成方案。

從下列柯布蘭調查所獲得的反應中，我們可以了解此類諮詢的最新趨勢。這些反應，是由社會工作諮詢者所提供，也可以說是以方案爲中心的行政諮詢中的一些類型的典範。這些反應有：

（一）一位學校社會工作者，向校長及諮商員提供有關學生的行爲發展記錄的諮詢服務，以符合當地伯克來修正案(The Buckley Amendment) 的規定。

（二）一所醫療社會工作機構的一位社會服務諮詢者，向一所醫院

的行政部門，提供設立社會服務部的諮詢建議。

（三）一位公共衛生社會工作的諮詢者，向一所醫院的社會服務人員，提供工作人員效率考評辦法的諮詢服務。

（四）一位精神病理社會工作者，向一羣社會工作者和心理學家，爲了一家兒童心理診所修改心理治療方案的問題，提供了諮詢的服務。

（五）一位心理衛生中心的社會工作者，向一家大廠商提供了爲員工設置托兒所的諮詢建議。

（六）一位醫療社會工作者，向一位安養之家的護士，提供了如何提昇服務品質的諮詢建議。

（七）一位學校社會工作者，向一所高中的行政人員，爲學校中未成年的學生媽媽，設計了一個符合其需要的諮詢方案。

（八）一所私立兒童福利機構的團體之家的社會工作者，向一所機構的行政者，提供了爲青少年設立團體之家方案(group home program)的諮詢建議。

四、以受諮詢者爲中心的行政諮詢

此類諮詢的內容，同樣也是屬於機構方案與行政的範疇。然而，像以受諮詢者爲中心的諮詢一樣，受諮詢者的本身，才是此類諮詢欲改變的目標。此類諮詢的主要目標，在運用有關機構行政、社會體系、社會現象、組織溝通、決策模式等方面的知識，協助受諮詢者在機構發展、服務和方案修訂的過程中，解決人際關係上的問題，並達成其既定的工作目標 (Caplan, 1970)。

問題的關鍵在於，誰是機構中人際關係的主導者？諮詢的結果，會不會造成機構人際關係的改變？事實證明，經由此類諮詢的結果，機構的士氣提升了；離職的人數減少了；成員之間的溝通更自由、更開放；

機構內部民主參與的程度增加了；組織中人際關係的氣氛，也變得更具人情味了。

如果，以方案爲中心的諮詢目標，是組織的健全與結構的運作。那麼以受諮詢者爲中心的行政諮詢的目標，就是組織中的領導人物了。從下列柯布蘭調查所獲得的反應中，我們可以了解此類諮詢的最近趨勢。這些反應，是由社會工作諮詢者所提供，也可以說是以受諮詢者爲中心的行政諮詢中的一些類型的典範。

（一）一位精神病理社會工作者，向地方社會服務部門的家庭主婦們提供諮詢，以協助她們認清家中心理病患的相對責任。

（二）一位兒童福利的督導，向住宅服務中心的社會工作者和心理學家提供諮詢，以協助他們接受對兒童、父母以及一般居民的團體服務方式。

（三）公共救助機構的一位服務代表，向一羣社會工作的督導提供諮詢，以協助他們解決隨著預算削減與裁員所帶來的士氣問題。

（四）一位社會工作的諮詢者，向一羣心理衛生機構的秘書提供諮詢，以協助其解決辦公室內及訓練上的問題。

（五）一位醫療社會工作諮詢者，向一位機構的行政主管提供諮詢，以協助其解決員工士氣與工作效率的問題。

五、支持性的諮詢

在柯布蘭的分類中，沒有包含支持性諮詢此一類。所謂支持性諮詢，包含了促進受諮詢機構行政革新的強烈承諾。

支持性諮詢與典型的、較中立化導向的諮詢是不太一樣的，它具有明確的中心價值觀念，並且慎重地利用各種時機，傳播此一價值觀念，以達到期望改變的目標。支持性的諮詢者，不僅要對自己的機構忠實，

更要忠實於自己的意識型態（ideology）、忠實於需要諮詢的團體和機構。

支持性諮詢者的目標，一般來說，包含了他所欲改革之機構的權力與報酬之重分配。而達到這些目標的方法，亦與其他類型的諮詢有所不同。

由於機構的行政主管有權決定是否邀請一位諮詢者，同時，他們也能決定諮詢工作所需的資源——人事、時間、經費、辦公場所等的使用方法。因此，如果一位諮詢者的想法和做法，若與機構的主管大有不同，這種諮詢自然也就很難被機構所接受了。此種情形意味著說，諮詢者必須避免和行政部門發生衝突才好。基於此，支持性的諮詢者應如何開始其諮詢的服務、如何獲得機構的認可與贊許，這是他們將面臨的重大考驗。社會工作的支持性諮詢者對柯布蘭調查未曾做答的這個事實，也許可由上述的限制來加以解釋。

本章參考書目

Baker, R.L. (1987). *The Social Work Dictionary*. Silver Spring, Ma.: National Association of Social Workers.

Caplan, G. (1970). *The Theory and Practice of Mental Health Consultation*. New York: Basic Books.

Carter, B. (1975). "School Mental Health Consultation: A Clinical Social Work Interventive Technique." *Clinical Social Work Journal*, 3(3), 201-210.

Garrett, A. (1956). "The Use of the Consultant." *American*

Journal of Orthopsychiatry, 26(2), 234-252.

Kadushin, A. (1977). "Consultation in Social Work." New York: Columbia University Press. Community Care Facilities. *Social Work in Health Care*, 2(2), 181-191.

Rapoport, L. (1977). "Consultation in Social Work." In J. Turner (Ed.), *Encyclopedia of Social Work* (17th ed., pp. 193-197). Washington, D.C.: National Association of Social Workers.

Roberts, R.W. (1968). "Some Impressions of Mental Health Consultation." *Social Casework*, 49(6), 339-345.

Rosenberg, E.B. & Nitzberg, H. (1980). "The Clinical Social Worker Becomes a Consultant." *Social Work in Health Care*, 5(3), 305-312.

Shulman, L. (1987). "Consultation." *Encyclopedia of Social Work*, 18, Vol. 1, pp. 326-330.

Siegel, D. (1954). "Consultation: Some Guiding Principles." In *Administration, Supervision and Consultation: Papers from the 1954 Social Welfare Forum* (pp. 98-114). New York: National Conference on Social Welfare.

Stringer, L.A. (1961). "Consultation: Some Expectations, Principles and Skills." *Social Work*, 6(3), 85-90.

Unger, J.M. (1978). "Consultation: Capitalizing on Hospital Social Work Resources." *Social Work in Health Care*, 4(1), 31-41.

Watkins, E.L., Holland, T.P. & Ritvo, R.A. (1976).

"Improving the Effectiveness of Program Consultation." *Social Work in Health Care*, 2(1), 43-54.

Wenston, S. R. (1982). "Social Work Consultation for Small Hospitals." *Social Work in Health Care*, 8(1), 15-26.

Williams, M. (1971). "The Problem Profile Technique in Consultation." *Social Work*, 16(3), 52-59.

廖榮利：《社會工作實習指導與督導訓練》。臺中：基督教兒童基金會，民國六十九年。頁80-84，〈社會工作諮詢〉。

第十三章　臺灣女主管之領導觀

壹、臺灣女主管的新貌

民國七十七年七月間由於執政黨女性中央委員人數的略增，兩位女性中央委員的出現，以及中央政府行政首長中女部長的問世，使得社會各界對女性領導人才的再次注視。然而，女部長和另一位女中央委員在接受電視記者訪問時，卻婉言表示不宜以「女性」刻意解釋，此語未知社會大眾接受到的訊息或啟示如何？

現階段各級公務人員人數中，女性公務人員數額佔三分之一強。並且，其年增加率逐年在提昇，遠超過男性公務人員之年增加率（人事局，民七十七）。與此並進的一種新期待是：女性主管人員的比率與增加率。可是，政府行政暨生產事業機構主管的任用，若過份以提高女性比率為前提時，其對機構功能的適切性又如何？

一般的看法是：女性主管的興起，應該是女性受專業教育人數增加的自然結果；可是，女性主管的增加與女性受專業教育人數的增加相較比例還是低了很多。此一現象所顯示的意義，根據布婁恩（Brown, 1981）的解釋是：合格女性並未受到與男性平等待遇的拔擢。美國的職業婦女，在就業市場及經濟活動中質的變化，已使婦女研究建立新的方式。已有的發現是：女性企業主管已漸興起，且有快速增加的趨勢，使得男女性在家庭中的分工在改變中(Chou, 1986)。

近年來在臺灣社會可見到的現象是：女性主管在行政院各部會正副

司處（室）長中已有十人，佔二‧五％，在科長中佔九‧五％（五十九人）（狄英、徐曼蘋、李瑟，民七十三）。女性主管雖少，卻受到相當的矚目，甚至過度的矚目（Kauter, 1977）。因此，常見的現象是：女性主管受到許多刻板化印象的困擾，一般認為男性才適合做主管，因為主管的特性，往往是男性化的（Pearson, 1980）。

雖然上述的刻板化現象，曾被上述的研究證明並無證據，卻為一般人所相信。一般人相信：女主管比較感情用事，比較友善，以及不武斷等。另一項研究也指出：臺灣的女性認為女性主管比較能以母性待部屬如子弟（廖榮利、鄭為元，民七十七）。

貳、女主管之企圖心與成就慾

現代社會民主化與經濟自由化過程中，強調明智的決策、有效的運作、快速的進步，以及不斷的創新，以有效推動社會的進步與民眾需求之滿足。針對此，不論在公務生產力與企業生產率，均須仰賴企圖心強與鬥志力旺盛的各級主管人員。卽使選用男性主管人員，也都須考量其工作上的企圖心，這對於女主管人員的要求是會也恰如其分呢？因此，性別與成就抱負的研究，自然引起臺灣學術界的興趣。

新近在臺北召開的「性別角色與社會發展學術研討會」上，曾有一篇研究報告指出，實證分析兩性在教育抱負水準與職業抱負兩方面均有差異現象存在，其中之一是：女性之教育抱負水準低於男性，女性希望以後成為僱主階級之傾向低於男性（蔡淑玲、瞿海源，民七十七）。儘管臺灣地區勞動人口中，平均而言，女性教育年數不比男性低，甚至還稍微高了一些；　然而，　在追求高等教育方面女性意願還是比男性來得低（蔡淑玲，民七十七）。卽使女性受了碩士學位教育，其職業抱負也比較傾向於專業性的受僱階級。

造成不論是社會或女性自己，對女性成就期望皆比較低，此種既成的社會事項的主要理由，被認爲是：「在既有的性別階層結構下，有許多因素不利於女性之成就取得，這些因素交互作用，導致女性之成就抱負水準低於男性；同時，父權制度與資本主義的結合，是導致兩性不平等最主要原因」（Hartmaun, 1981）。

叄、臺灣女主管之研究

研究要點

從本文作者等過去從事白領工作婦女的研究（鄭爲元、廖榮利，民七十六），研究她們在工作上所遭遇之問題，以及事業家庭雙重負擔下的反應，曾發現過去的研究多爲問卷及一次式之面談，對受訪者較缺深入之了解。尤其是事業上之發展過程。因此，更加體認到此一研究的特殊意義。

本研究的基本假設是：企業女主管比較傾向於肯恩特（Kanter）之象徵性表徵（徵候羣），她們一方面表現男性氣慨（在管理上一方面要有權威），一方面又要表現其母性，卽在工作場合之外，又要表現女性化。

上述矛盾心理表現，依照肯恩特的說法是：她們一方面要強，一方面又要表現女性特色，以符合世俗對刻板印象之索求。

本研究的另一假設是：企業女主管係現代化的女性職業，與傳統性的護理主管比較，在其對女性形象與領導的態度方面均有差異，其主要理由是，工作特性與工作環境。

在各個題目的分析方面，本研究尚以女性形象、角色、男女關係，以及領導十四個問題爲變項，以測試企業女主管與護理主管對上述各方

面差異性之比較。

【女性形象】

- 女子想得多，想得雜，心事多，也敏感。
- 女性美在於含情脈脈，欲語還休，溫柔而含蓄。
- 妻子是青年人的愛人，壯年人的伴侶，老年人的保姆。
- 女性領導人宜穿著入時，儀態端莊，表現女性的典雅。
- 婦女貌不修飾，不見君父。
- 好的女性領導人，須以母性態度，視部屬如子弟。
- 女性領導人，通常比男性領導人和藹可親，平易近人。
- 弱者，你的名字是女人。大多女性做事細心；但不能從大處著眼，顧全大局。

【男女關係】

- 出外工作發揮才能，才可顯示現代婦女的尊嚴與權利。
- 女主內男主外，相夫教子，仍然是現代女性的天職。
- 做一個標準的現代女性，應該從賢妻良母做起，做一個「賢妻良母」，不是落伍。
- 現代女性，可以追求事業的成就，並不需要以結婚做為必要的歸宿。
- 現代女性奔波於家庭與事業之間，還是應該以家庭為主。
- 現代女性不應該處處學男人，做第二等男性；需要而發揮女性特長，做第一等女性，貢獻社會。

【女性領導人】

- 女性領導人往往會優柔寡斷，無所適從。
- 所見過的女性領導人，大多是組織和應變能力強的。
- 所見過的女性領導人，大多做事權威而果斷。

　　．女性領導人必須具備男性化的性格，來領導男性部屬。

　　．女性領導人對男性部屬，有時必須嚴肅，不重則不威。

肆、臺灣女主管之女性觀

一、對傳統女性的看法

　　本研究首先比較企業界女主管與護理主管，對上述傳統女性形象的看法。從本研究資料顯示，企業女主管與護理女主管的看法間，並無明顯差異。然而，她們的看法與一般傳統女性給人的印象，已有若干極顯著的差異。根據受訪的女主管的看法：

　　1.「弱者」已不再是女性的特徵。不同意（含極不同意）「女人是弱者」者，在企業女主管中佔八六％；在護理主管中佔九二％。

　　2.「做事細心，但不能顧全大局」，也不再是女性的重要特徵。從資料顯示，不論企業界或護理界的女主管，都僅佔極少部份「極不同意」或「極同意」。上述說法是，絕大部份則介於「不同意」到「同意」間，她們的看法，大致上呈常態分配。換言之，「做事細心，但不能顧全大局」主要視個別屬性而定，而不足以概括爲一般婦女的特性。

　　3.「想得多，想得雜，心事多，也敏感」，仍然是女性的顯著特徵。同意（含極同意）「女人想得多，想得雜，心事多，也敏感」者，在企業女主管中高達九三％，在護理主管中，也高達九四％。

二、對現代女性的看法

　　女性大量投入就業市場，很明顯的對於家庭、婚姻生活，以及兩性關係，產生了重大的影響。因此，有關女性對事業、家庭、婚姻，以及兩性關係的看法，有愈來愈受關注的趨勢。

一般認為，女性在事業與家庭婚姻生活的角色扮演上，存在著衝突，很難魚與熊掌得兼。想要追求事業成功，同時又要符合家庭婚姻生活中的傳統要求，實在是極為困難的事。對於擔任主管的女性而言，其衝突的程度，可能更為嚴重，在此種兩難的情境下，女主管們究竟如何取捨，以事業為重抑或以家庭婚姻為重，確實是一種值得關心的課題。

從工作環境來看，企業女主管比起護理主管，還可能面臨著更為複雜的角色衝突情境。護理主管是一種傳統社會所認同的角色職務，在其工作情境中，與異性的關係，是一種符合傳統期待的關係，扮演輔助性的角色。然而，企業女主管則是在男性為主的大環境中，與男性做公開競爭，甚至須在工作上領導男性，她們在角色扮演上的衝突與壓力，都可能更為鉅大。

伍、臺灣女主管對兩性關係之看法

有鑑於此，本研究乃就八個方面，描述並比較分析這兩種女主管，對事業、家庭、婚姻，以及兩性關係的看法。

1.關於工作動機強度方面

根據本研究資料顯示，是否要「出外工作發揮才能，才可顯示現代婦女的尊嚴」，女主管們的看法，呈見仁見智的現象。然而，從其反應中，約略可看出，企業女主管比起護理女主管有較為強烈的工作動機。在企業女主管中，同意（含極同意）上述說法者佔四五‧二％，不同意（含極不同意）者佔三一％；在護理主管中，同意（含極同意）者佔四○‧三％，不同意（含極不同意）者則佔四○‧四％。

2.關於家庭角色的看法

根據本研究資料顯示，企業女主管與護理女主管對於女性的家庭角色之看法，雖然大多數均傾向認同傳統的女性家庭角色，但是兩者間仍

有一些差異。

她們之中絕大多數，都同意現代女性仍應「相夫教子」、「做個賢妻良母」，並且認爲在家庭與事業間，應以家庭爲重。

同意「女主內男主外，相夫教子，仍然是現代女性的天職」者，在企業女主管中佔七一・四％；在護理主管中，佔五六・八％。

同意「做一個標準的現代女性，應該從賢妻良母做起，一個賢妻良母並不是落伍」者，在企業女主管中佔九五・三％；在護理主管中佔九六・八％，則並無差異。

同意「現代女性奔波於家庭與事業之間，還是應該以家庭爲重」者，在企業女主管中佔八一・四％，在護理主管中佔八八・九％。

值得注意的是，在「女主內男主外，相夫教子」的看法上，企業女主管比護理主管，有較認同上述傳統家庭角色的傾向（相差約一五％）而在「家庭與事業間」的取捨上，企業女主管則比護理主管，有較偏重事業的傾向（相差約八％）。此種現象究竟是因工作情境不同，所造成之有系統的特性，或者僅是個隨機的或個別屬性（例如已婚或未婚）造成的現象，實有待進一步驗證。

如果它是一種工作情境造成之系統的現象，則可能意味著類似所描述企業女主管的徵候羣，而出現在我們所處的社會中。也就是由於面臨強烈的角色衝突，使得那些陷入工作困擾或意識到難以兼顧家庭生活的企業女主管內，因逃避心理或反向作用，轉而有較強的動機，想要履行傳統「女主內男主外，相夫教子」的家庭婦女角色。

3.關於婚姻及兩性關係的看法

從本資料研究顯示，不論企業女性主管或護理主管，對於婚姻及兩性關係的看法，均與傳統社會的期待有明顯的不同，她們均表現出不再那麼依賴男性，及傾向男女平等的態度。兩者的看法間，是相當一致

的。

同意「現代女性，可以追求事業的成就，並不需要以結婚做爲必須的歸宿」者，在企業女主管中佔三九％；在護理主管中亦佔三九・六％。

同意「女性邀約男性洽商業務，仍應由男方付帳」者，則在企業女主管中，僅佔四・七％；在護理主管中亦僅六・五％。

同意「現代女性不應該處處學男人，做第二等男性，而要發揮女性特長，做第一等女性，貢獻社會」者，在企業女主管中高達九二・九％；在護理主管中高達九六・八％。

同意「女性應該避免在事業上的成就壓過她的先生」者，在企業女主管中佔四三・六％，在護理主管中則佔五八％。

上述兩者的差異，主要可能意味着，企業女主管比護理主管有較強的工作成就動機。至於，兩者對於兩性關係的看法上，基本上仍然是一致的，都傾向男女平等的態度。

陸、臺灣女性主管之領導觀

本研究主要從以下五個方面，來比較企業女主管與護理主管，對女性領導人形象的看法：

1 穿着表現

女性領導人宜穿着入時，儀態端莊，表現女性的典雅。

2 面對問題的反應

女性領導人往往會優柔寡斷，無所適從。

3 一般工作的能力

所見過的女性領導人，大多是組織和應變能力強的。

4 人際互動的特質

女性領導人，通常比男性領導人和藹可親，平易近人。

5 處理事務的方式

所見過的女性，大多做事權威而果斷。

根據本研究資料顯示，兩者對於女性領導人的看法間，可能存有許多差異，就本研究調查內容而言，兩者除了對「女性領導人的一般工作能力」之看法無明顯差異外，對其他四個方面的看法，則存有若干程度上的不同。

1 有關主管穿著表現的看法

根據本研究資料顯示，企業女主管比護理主管更重視穿着表現。同意（含極同意）「女性領導人宜穿着入時，儀態端莊，表現女性的典雅」者，在企業女主管中高達八八·一％，而在護理主管中僅佔六六·七％，兩者相達二一％，這種差異，很明顯地與工作情境有關。前者較重視人羣關係的顯性行爲，後者則以制服式的定型行爲爲主。

2 有關女主管面對問題反應的看法

同意「女性領導人往往會優柔寡斷，無所適從」者，在企業女主管中佔一六·七％，而在護理主管中，則僅佔七·九％，兩者相差九％。

假使，此種反應係女主管們實際行爲的投射，則可能意味着企業女主管比起護理主管，在工作情境中，較常陷入困難的狀態，事實上，其工作性質本身之複雜度和挑戰性也是比較高的。

3 有關女主管一般的工作能力的看法

同意（含極同意）「所見過的女性領導人，大多是組織和應變能力強的」者，在企業女主管中佔八〇％；在護理主管中佔七九·一％。兩者均肯定女領導人具充分工作能力，兩者的看法間無明顯差異。

4 有關女主管人際關係特質的看法

同意（含極同意）「女性領導人，通常比男性領導人和藹可親，平

易近人」者，在企業女主管中佔四八·七％；而在護理主管中僅佔三二·二％。兩者相差一六·五％，兩者的看法，有密切的關係。前者重現代人性管理與員工受尊重，後者則傾向於傳統醫療制度下嚴格的層層節制。

5 有關女主管處理事務的看法

同意「所見過的女性領導人，大多做事權威而果斷」者，在企業女主管中佔五五·八％；而在護理主管中則佔六六·二％，兩者相差一〇·四％。兩者的看法間，也顯示出可能存在的差異。

綜合上述發現，可能意味着由於工作處境不同，會造成企業女主管與護理主管，在工作態度及行爲表現上，產生有系統的差別。就企業女主管方面而言，在「與男性公開競爭，甚至要領導男性」的工作情境中，其態度及行爲表現，會較強烈具有下列特質：

①重視外在形象，談吐穿着大方，待人親切，表現合乎傳統女性優點的一面，以緩和角色衝突的程度。同時，此種女性特質的優點，亦可能造成與男性公開競爭的有利條件。因此，此種女性的特質，有助於緩和許多火爆對立的局面，並有助於許多工作上問題的防患或改善。

②較難平衡的內在困難，及較多優柔寡斷的外在表現，比起傳統女性行業或職位而言，企業女主管的工作情境中，可能有較多難以有效處理的場合。較易產生工作困難，且較難有效平衡，致使其表現出優柔寡斷的行爲，也較傳統女性行業的主管來得明顯。

【對領導態度的看法】

女企業主管與護理主管，兩者根本的差異，如前所述，一爲符合傳統社會期望的角色職務（後者），另一則否（前者）。因此，本研究乃就女的性別特質的表現方面，來比較女企業主管與護理主管，對女領導態度的看法。

從本研究資料顯示，女企業主管，在領導方面有較強調男性化性格表現的傾向。而護理主管則比女企業主管，有較強調母性表現的傾向，至於，對男性部屬的態度，兩者的看法，均同意「有時必須嚴肅」。

研究發現，同意（含極同意）「好的女性領導人須以母性態度，視部屬如子弟」者，在企業女主管中佔五九・五％，而在護理主管中則佔六九・四％，兩者相差一〇％。顯示出護理主管較偏重母性表現的傾向。

研究結果可看出，同意（含極同意）「女性領導人必須具備男性化的性格，來領導男性部屬」者，在企業女主管中佔二八％，不同意（含極不同意）者佔四四・二％；在護理主管中，同意佔二四・二％，不同意者則佔五九・七％。若從「不同意」者所佔的比率來看，兩者相差達一五・五％，也就是說女企業主管比護理主管，有較偏重男性化性格的表現。

又，研究結果顯示出，兩者就「女領導人對男性部屬，有時必須嚴肅，不重則不威」的看法間，並無明顯差異。

柒、女性主管的女性觀、男女觀、領導觀

綜合本研究結果，吾人可以發現的女性主管有關觀點有：

（一）臺灣女性主管對傳統女性與現代女性兩方面的看法，已有顯著的改變，她們對某些傳統女性形象的否定，相對的她們對現代女性角色的肯定，並且否定與肯定的程度均相當高。

1 絕大多數女性主管已不認同某些女性傳統形象，如對女人是弱者；女人做事細心，但難顧大局的刻板印象，很不以為然，且企業主管與護理主管的看法極為一致。

2 大多數女主管對扮演現代女性持有相當肯定的態度，他們之中絕

大多數認為女性要自我認同並發揮女性特長，做第一等女性貢獻社會（而不再處處學男人）。

3 但是，絕大多數的她們認為介於家庭與事業之間，仍應以家庭為重（對已婚者而言），相夫教子仍為女性天職。因此，女主管們有傳統與現代並蓄的特性。

（二）臺灣女主管的社會觀

臺灣女主管在工作動機，家庭角色，以及婚姻與兩性關係等三方面的看法，顯示以下的趨向。

1 整體而言，她們的工作動機居中等程度。顯現強烈工作動機者有三成到四成半之間，其中女企業主管的工作動機強過於護理主管。

2 她們對家庭角色的看法，大多數傾向於認同傳統的女性家庭角色，有此明確認同者居五成到七成之間，其中有更多女企業主管比護理主管有此種認同。

3 她們對於婚姻與兩性關係的看法，均與傳統社會的期待有明顯的不同，她們已不再那麼依賴男性，而講究男女平等與女人的獨立人格，且有近四成的人認為女性追求事業的成功，不必以結婚做為人生的歸宿。

（三）臺灣女主管的領導觀

臺灣女主管對外表形象，面對問題的反應，工作能力，人際關係特質，以及處理事務等五方面的看法，顯示以下的各項特性：

1 她們普遍重視外表形象，多數人認為女主管須穿著入時，儀態端莊，表現女性的典雅。持此種看法的女企業主管有近九成，而護理主管中也佔近七成，兩者相差兩成。

2 她們似乎相當能面對問題與做及時的解決，她們之中只有少數人面對問題時，會有優柔寡斷，無所適從的反應，且有此種體驗的女企業

主管比護理主管多兩倍。

　　3 她們大多數均能對女主管的工作能力持肯定的態度，而認為女主管組織能力與應變能力均強者達八成，且女企業主管對此的看法，極為一致。

　　4 她們對本身人際關係特質的自我評價並不甚高，認為女主管比男主管對待部屬比較和藹可親，平易近人者，不及半數，但企業女主管比護理女主管更能顯示此一特質。

　　5 她們對做為女主管應有的權威與臨事果斷之自我評量，在中等程度範圍內，有五成半到六成六的女性主管認定如此，且護理女主管持此看法者多於企業女主管。

　　6 她們之中，多數主張要以母性態度視其部屬如子弟，而只有少數人認為可以用男性化的性格帶領其部屬。持後者觀點的女主管中，女企業主管略多於護理主管，而持前者觀點的則以護理主管稍多。

捌、總結論

　　從本研究中可以體認到一些事實，那就是：處在臺灣現階段社會進步過程中的女主管們，有她們自由開放模式的中國女主管的特性。並且，在其生存的多重複雜環境中，有她們獨特的調適現代女性與傳統女性角色之獨特能力。因此，純以西方對女主管理論模式評量臺灣的女主管，似乎不是明智之舉。並且，建立適臺灣女性主管的研究模式及理論應是一種合理的期待。從此進而從事泛文化面的女主管研究，似乎有其時代意義。

　　再者，本研究對女主管的女性觀、社會觀以及領導觀之動態面探索，似乎值得公共行政界，公營企業界，以及民間企業界有關人士的參考。

本章參考書目

Bleir, R. (1984). *Science and Gender: A Critique of Biology and Its Theories on Women.* New York: Pergaman Press.

Bricker, J. M. et al. (1984). *Not For Weman Only.* Detroit: Council on Social Work Education.

Hooyman, N. (1080). *Toward a Feminist Administered Style.* Wash. D. C.: National Association of Social Workers.

Van, D. N. et al. (Eds.). (1986). *Feminist Visions for Social Work.* Wash. D. C.: National Association of Social Workers.

Weick, D. et al. (1982). *Women, Power, and Change.* Wash. D. C.: National Association of Social Workers.

廖榮利、鄭爲元: 〈女主管對女性形象與領導之態度——企業界與護理界之比較分析〉。臺北: 行政院科委會七十六年度獎助論文彙編, 民國七十七年。

鄭爲元、廖榮利: 《蛻變中的臺灣婦女》。臺北: 大洋出版社, 民國七十四年。

第十四章　壓力與適應

壹、人在社會情境中之適應

一、適應

　　所謂適應（adjustment），是指一個人與其所處的環境之間，一種規律性與和諧的狀態。這種狀態，乃建立在一個人與其所處環境之間的交互作用上，包括他與本身內心的自己（inner self）和外在環境之間的關係表現上。

　　從精神動力學（psychodynamics）的觀點來論，每一個人經常在為滿足自身的需要和達成生活的目標，須努力奮鬥或戰戰兢兢。誠因他必須在各種環境的壓力之下，尋求一些可行的途徑。所以，適應也就含有一種個人需要與其環境壓力之間的矛盾之調和作用（reconciliation）。

　　適應也可說是一個人在逆境的行為和成就表現。人之適應於其環境，若是表現出一種動態性、交互性，以及有彈性的方式，那麼，他將能獲取更多的報償、快樂、滿足以及幸福，這也就是一種良好的適應。

　　反之，則形成不良適應。

二、適應之評量

　　衡量一個人的適應能力，必須看這個人對其所處環境和生活需求的

面對情形如何。其評量項目有:

　　·他對物質環境的看法和應對方式。

　　·他與周圍的生活接觸有關的人的關係表現如何。

　　·他對自身應負的各種責任的達成程度如何。

　　·他對生活逆境或生活環境的壓力之面對和處理情形如何。

　　·他對其本身的需要之求取和滿足情形如何。

　　一個人與環境之間的關係，並非一種單向的程序，因爲它涉及其他人的關係。同時，它密切關係到這個人對物質環境所抱持的態度。所以，一個人必須能肯定自己，確認自己，以及使現實能與其需要調和。

　　從上段的內容觀之，適應也不是一種靜態性的條件或意志的平和狀態。尤其，人生是不斷在改變的，因此，一個人必須具備一種能力，使自己在必要時能自我改變其態度和行爲，才是良好適應的有力保障。

　　一個人的適應，常有許多方式顯示出來，其中我們可以從每一個人生具有意義的事項，比如自我發展，與他人關係，職業效能等各方面的實際表現，即可具體而明確地看出這個人的適應狀態。

　　我們應把一個人當作「成長中的個人」看待，並評估他在人生各發展階段的行爲「發展職責」如何，或是他在嬰幼兒、學童、成人，以及老年等時期的發展需要的完成程序。

　　我們也可進一步從心理方面來衡量，他的防衛機構型態和其他適應性行爲 (adjustive behavior) 如何，他對挫折的忍受力和性格弱點如何，以預測他對生活逆境的可能反應。

三、適應不良

　　所謂不良適應 (maladjustment)，是指一個人不能與其所處的環境取得和諧的關係，或是無法使自己適應日常生活的需求。這些現象包

括:

　　・他無法解決自身日常生活上的問題。

　　・他的行爲表現與社會行爲常模不一致。

　　・他的職業、家庭,以及社會生活適應的不良狀態。

　　一個人的適應不良常反映在其個人的情緒生活和社會行爲表現上。因爲不良適應,往往與其個人的心理力量和其對外界認識的偏誤或曲解事實有關。

　　從「心理暨社會」病理 (psycho-social pathology) 的觀點來論,一個人的人際關係和社會適應的失功能,常同時源自於三個因素:

　　・此人早年的情緒生活經驗中,未被滿足的慾望和未被解決的心理衝突,積壓在心裏,並經常干擾其當前的生活適應。

　　・當前他所面對的社會環境壓力太大, 以 致 此人的心理弱點被掀起。

　　・以致此人操用偏誤的自我 (faulty ego) 和偏誤的超我 (faulty super-ego) 功能表現。

　　當一個人的適應到了崩潰狀態, 他就無法面對各項生活需求。 因爲, 在此狀態之下, 他有過度混亂的心境或有可確定的症狀。到了這個時候, 這個人應尋助於專業人員。

四、 再適應

　　一個人在求學、工作以及生活上, 有時候難免會遭遇到危機事故與壓力情境, 面對此類情境, 有些人也許會有短暫的過渡性不良適應。在此種狀況之下, 有三種途徑是常被採用的: 即聽其自然、 計畫性的改善, 以及革命性的改變。也有的人會尋覓助人專業的服務, 以達到適應上復健的功能。

再適應（readjustment）是指：「一個人原來的適應能力， 受到肢體傷殘、情緒障礙、人際關係崩潰，以及精神狀態等危機壓力，經專業人員的治療或服務歷程，得以重新建立其適應社會生活的信心、能力以及行動」。這種專業服務常被稱為復健。

復健（rehabilitation）是：「一種專業服務工作，用以協助一個肢體、情緒以及精神殘障者，充分發揮其應有的潛在能力，以達成其在現代生活中的社會生活適應功能」。

不論對於生活上的、情緒上的，或是行為上的障礙者的復健工作，均強調其社會適應能力的再造或增強工作。因此，復健是一種具有講究程序、目標，以及具有社會哲理取向的專業服務工作。這種專業服務工作必須藉各種不同的特殊性質的專業技術，和運用必要的社會資源。

另外，有適應不良問題者有時須考慮一些支持體系，包括專業人員的診治服務，人道服務者的干預，以及親友等的接納與支持等。因此，一個人要有面對困難、解決問題的認知與勇氣，並在必要時尋求必要之專業服務。

貳、職業生涯之概念

一、十八、二十成人時

每個人的生命循環，都是要經過發展階段的。行為發展學家把它分成：受孕胎前期、胎兒期、誕生期、嬰幼兒期、兒童期、青春期、成人早期、中年期、老年期以及死亡期等。

根據一些研究發現，每一個人在各階段均有一些行為發展職責，並且頭一階段的發展影響次一階段的發展，以十八、二十開始的成人早期發展職責來說，就有以下各項：

- ·身體發育成熟和情緒趨向穩定。
- ·完成某一階段的教育。
- ·開始從事某一職業。
- ·發現適合自己的異性伴侶並與之結婚。
- ·組成家庭扮演爲人夫爲人妻的角色。
- ·生男育女而步入爲人父母的角色。
- ·尋找並歸屬於合乎自己志趣的社團，在社會上負起公民職責。
- ·開始建立基本的人生信念或哲理思想。

就在這樣的發展階段，一個人在所選定的職業上，從此開始其職業生涯。

二、職業生涯

職業生涯是指：一個成年人，從他從事某一種職業起，對該種工作的認同、工作知能的發展過程，尤其他對所從事的該種職業角色的內化和昇華的發展過程。

從此一概念可以體認到的是，一個人從就職開始就要認同於其行業生涯，並對其職業上工作知能，努力充實和虛心學習。

對這種認同必須達到內在的自我認定與自我期許與約制，也就是要自我意願地遵循此一行業的行爲模式去待人處事。他即使受到某些約束，也應以價值認定方式，使自己昇華爲自身接納，同時也以受到機構和社會大眾認可或贊同方式表現。

事實上，職業生涯還包括一個從事某一項職業的人，均應以社會對這種行業人員所認可的型態之下扮演他的職業角色。尤其，隨著個人職位昇遷和報酬增加，他的工作技能和敬業精神也要有所長進。

上述這一種觀念，也告訴我們從事任何一種行業的人員，不但要使

自己充分表現此一行業人員的工作態度，更且，對工作上的知識和技術
努力學習，以及發展自己高一層次的敬業精神。

叁、壓力與適應

一、生涯壓力與人生全形

　　我們必須確認的一項事實是，在每個人的生長與發展過程中的各種
因素，包括了「壓力」的因素，且人生的壓力分為身體、精神、情緒
以及社會四方面的壓力。因此，了解人生的壓力情境宜從「多元面」，
而非單元化的。

　　據此，一個人對壓力之體認宜有下列各項：

・適應是人在逆境中的行為和成就表現，個人生涯中的壓力與適
　應，是常態之一，他須認真面對的。

・壓力是人生必經之體認，人有時候是在壓力中成長的，以及壓力
　有身體、情緒、精神以及社會四方面。

・工作上的壓力是人生各壓力中的一種，它涉及環境與個人的因
　素。因此，一個人對壓力之適應須從此兩方面兼顧。

・工作上的壓力之調適途徑，須自助與他助雙管齊下，並須講究多
　元化之改善途徑。

二、角色衝突與工作壓力

　　對於許多人來說，日常工作上的不順暢和挫折衝突，是不可避免的
事。他們若能對此多加認識和獲取解決途徑，不但對個人有益，並且對
機構功能也有助益。各種職業從業人員也會遭遇到一些難題，這些難題
可能來自角色的衝突或角色過度負荷，所產生的工作上的壓力或工作關

係上的失調現象。

角色衝突可能有:

- 被衝突性的需求困惑而感左右爲難時; 須與別人相處和妥協而感到壓力時。
- 某些公務處理上與上司意見不合時; 對所屬員工任用與獎懲上產生難題時。
- 被指派從事非本身專長工作或得力助手被調差時。
- 同一辦公室內不同來源的訊息所帶來的困擾。
- 個人基本信念受到挑戰時。

假如每一位從業人員, 均能對本身角色確認清楚, 並且按照該種角色扮演一種預期與規範內的行爲模式的話, 上面一段所列的各項均能減到最低程度。 一個人角色, 也就是擔任某一種職務或擁有某種地位的人, 被期待或規範內的行爲表現。這種角色的來源同時有二: 卽社會大眾對某一特定職位的期望, 和這種角色擁有者對自己的期望或自律行爲表現。因此, 每一位從業人員須對本身的角色有一明確認識, 並依此角色去表現出規範的行爲。

【個人角色之確認】

- 對本身工作任務的了解和工作目標的認清。
- 對別人對他目前的角色期待須能預測其發展。
- 對自己的職責與範圍的明確與篤行。
- 對自己進一步的發展亦應有預測能力。
- 對本身專長與缺點的自我認識和謀求改進的意願和能力。

三、 壓力來源與類型

壓力診斷是從業人員可以自然評定的, 一般人在現代生活病的壓力

來源，可分為工作上和非工作上的，其中前者卽稱為工作壓力。工作壓力大致上可分突發性和長期性的。綜合言之：一個人面臨的壓力來源有下列四種：

第一類：突發性且與工作有關之壓力。

第二類：突發性且與工作無關之壓力。

第三類：長期性且與工作有關之壓力。

第四類：長期性且與工作無關之壓力。

【突發性且與工作有關之壓力】

此類壓力是指：新近才發生或事件之持久性是短暫性的。這對個人工作上的體驗是：機構在政策、程序以及作業等方面，有關變動所帶來的壓力。比如工作時數之增加，作業種類與速度之急速改變，內部組織在調整而帶來的工作壓力。

【長期性且與工作有關之壓力】

此類壓力是指：長期性、持續性以及慢性之壓力，它也是一種累積性的壓力。此類壓力對個人工作上之體驗是：工作繁多而時間短少所帶來的壓力，上司僅對個人工作上感到不滿時，須與之溝通之壓力，以及與相關部門協調不足所帶來之衝突等。

【突發性非工作上之壓力】

此類壓力是指：新近才發生或事故之持久性係短暫性的。它對個人在工作外之體驗有：社交生活之頻繁或受限所帶來的壓力，結婚或婚姻關係上之難題，親近之家庭成員之疾病、病危以及變故或去世等。

【長期性非工作上之壓力】

此類壓力是指：一些累積性且成為長期性、慢性化的非工作上之壓力。它對個人工作外之體驗有：環境污染（空氣、噪音等）帶來身心上之壓力，收支不平衡或經濟變動之難題，子女課業進展、升學競爭，以

及課外休閒活動之擔憂、煩惱等。

四、檢視與調適

　　一個人若能適時正確地去界定自我的壓力來源與類型，他便能對症下藥，以尋覓自我之壓力調適途徑；他也可以利用一些量表自我檢視，並探求自助與他助之途徑。壓力調適量表有：工作危機再適應量表、生活事件壓力再適應量表等。

　　至於個人壓力調適途徑，約可分為五個基本的途徑：

途徑一：自我評價，以自我調適。

途徑二：改善環境，以減除自我所面臨的壓力。

途徑三：改善內在力量，以整合自身於工作環境中。

途徑四：改進健康狀態，以強化適應能力。

途徑五：與同儕合力改革機構（或）公司有關之制度與策略。

　　總之，澄清自身處於何種壓力之下，勇於面對困難解決問題，不僅是個人踏實地從壓力中所能解脫開來的方法。更且，一個人可藉由壓力及其調適經驗中，孕育與強化自我調適與自我開拓之能力。

肆、工作計畫與時間管理

一、現代人之計劃與時間觀

　　現代社會中，無論求學、工作以及家事管理上，均須對自己所要做的事情有一個「計畫」，才能比較有效地利用時間。對於所擁有的時間相當有限的現代人來說，此方面的體認應該特別深刻的。

　　對於許多有心向上的人來說，他的體認和信念是：利用時間和利用金錢的道理幾乎是一樣的。那就是，會利用時間的人覺得很富有，不會

利用時間的人會感到貧乏。

　　一個會利用時間的人，會有許多時間去處理許多事情。如此，不但別人會欣賞他，同時他自己也會從中感到充實，並能體會到自己的成就。現代人的自我實現，也許就可以藉此獲取了一大部分。

二、工作計劃與時間安排

　　計畫之運作面的定義是：「對於在一定時間內要做的事，事先加以思考和預作安排，以便開始進行工作和工作在一種階段化、程序性、以及有步驟地運作，以及在預定時間內完成預定的工作目標」。因此，工作計畫對於一個人的工作情緒、精神以及成就感，均會有正面的影響。並且，他會對工作感到更充實，更有效率，以及更具有報酬性。

　　個人不論在求學、工作或生活上，宜將本身的工作，以其重要程度刻劃出來，並將工作項目也列出來，然後依次進行。

　　工作的內容及其重要程度，可以依次分為五等級：

　　‧很重要的。

　　‧稍重要的。

　　‧重要的。

　　‧不太重要的。

　　‧不重要的。

　　工作項目可分為：

　　‧經常性的。

　　‧臨時性的。

　　‧零碎性的。

　　‧發展性的。

　　‧評價與欣賞性的。

把工作內容與項目列表，並於每日或每週做一種進度與成果之檢視或評價，往往可以掌握自身的行事方向與工作成效，使自己感受到時時在工作、時時有成果。 並且， 對未完成之事項或忽略之事項， 均知其然、知其所以然。如此，一個人不但可以免除不必要的挫折感，並且他可以天天均在適得其所、心安理得中享受其工作與生活。

三、 時間安排與任務執行

可供個人在工作與生活上參照之時間安排方式，並非時間平均分配法，而是動態應變分配法。動態應變分配法是:

- ・要做合理的時間分配。
- ・要建立時間運用之優先順序。
- ・要預留彈性運用的時間。
- ・要有靜思的時間。
- ・要集中利用時間。
- ・要有調劑精神的時間。

【要合理分配時間】

重點分段的合理時間安排是比較明智的方法， 即在某一時段內， 以很重要的和經常性的工作為主，而以稍重要的和臨時性的工作為其次，再以不重要的和零瑣性的工作兼顧。此種方式，能使一個人在有限時間內進行及完成各項工作。

從許多的實務經驗得到的結論是， 一種比較不盡理想的時間分配法是平均分配法。因此， 假如一個人把一天分配成早上、中午、下午以及晚上， 並在各單位時間內做單一件工作項目， 或是把一天二十四小時平均分配，把各時段排得滿滿的，使得工作有接不上、做不完，以及擔心這和掛慮那等之苦。

【要建立時段的優先順序】

一個人在時段的運用上，要建立一種優先順序的觀念，才有助於時間的彈性運用原則。

有時候，也把前段時間用來做很重要和經常性的工作，往往有助於腦筋清晰、思考靈活狀態之下，從事對較複雜、緊要事務之有效處理。這是許多人在大多數的場合，均使用的時間利用手法。

另外，有些人比較偏好利用前段時間，做比較容易著手且較易看到效果的工作。他如此做的理由可能有：

‧他可以安慰自己、鼓勵自己。

‧他可免除一開始傷腦筋，影響工作情緒。

‧他對旁人先有交待，表示個人職責之達成。

不過，採行此種時間利用方式的人，似宜與上述方式交替使用，以免誤了重要事件之及時完成契機。

【要預留時間作應變之用】

善於利用時間的人，往往可以從工作中體驗到，預留一些時間以便處理臨時性、零碎性的工作項目，有其必要性。只是，此種時間不宜過長，也許佔用一天中（或一個時段中）之五分之一到十分之一就夠了。如此方式，可將經常性、重要性的工作，至少有五分之四以上的時間，才是適宜的。

一般說來，不善於利用時間的人，往往把大部分的時間，花費在臨時性、零碎性或不重要的工作上。如此的結果，當他想到經常性、重要性的工作，便會一時手忙腳亂，不知所措。他若碰到緊急須處理的事，更易於感到壓力與挫折。因此，宜預留時間、面對急需，做應變的措施之用。

【要有靜思時間以開發思維】

　　不論從理論上或實務上觀之，一個人如果頭腦不經常使用，對於整個人的思維方面能力與操作，均會出現若干程度、不同情況之遲緩反應。因此，經常為自己安排靜思時間，且善加利用，以回想、靜思以及預想，是必要的事。

　　在辦公室或在家裏，每天排出幾次靜下來想一想的時間，一方面可以輕鬆一下工作的勞累，另一方面也可以對下一步的工作計畫一番。每週、每月以及每年，均分別安排此種靜思時間，都是必要的事。因此，善用週末日、月底，以及年度休假，並充分享有靜思時間是有其正面、多重功效的事。

【要集中利用時間】

　　集中利用時間的具體方法見諸於，將性質相同或有連貫性的工作，最好在同一時間單位中合併起來做。這樣做可以省下不少時間，並掌握工作內容與成效，達到事半功倍之效果。

　　相反地，有時我們也會發現，把性質不同的工作，採取一種間隔時間，集中內容方式處理，有其另一種工作情趣和收獲。此一現象乃是因為同一性質的工作做太久了，會令人感到疲乏、煩厭，使得工作進度遲緩下來。因此，調換工作內容可以調劑工作情趣。

【要有調劑精神的時間】

　　現代社會講究工作效率，在很短的時間內要做很多的工作。由於過分講究效率的結果，容易造成疲乏、煩悶，以及枯躁之感受和反應。因此，適時的休息和休閒活動，格外受到重視。休息是為了走更遠的路之說法，對於現代人的體驗會更為深刻的。

　　一個人在學校、機構或家庭生活上，每天宜刻意地為自身安排調劑精神的時間。週末、週日以及假期，亦須有休閒娛樂的活動。適合個人的休閒娛樂有四類型：

· 藝術、雕刻、音樂、小說以及戲劇類。

· 園藝、露營、郊遊以及欣賞大自然類。

· 約會、社交、宴客以及社交活動類。

· 舞蹈、運動、競賽以及體育活動類。

本章參考書目

Bielianskas, L. A. (1982). *Stress and Its Relationship to Health and Illness.* Boulder, Colo.: Westview Press.

Bonoma, T. V. (1981). *Psychology for Management.* Boston: Kent Publications.

Davis, D. R. (1975). *Psychology and Work.* London: Methuen.

Duggan, H. A. (1984). *Crisis Intervention: Helping Individuals at Risk.* Lexington, Mass.: Lexington Books.

Frager, R. et al. (1984). *Personality and Personal Growth.* New York: Harper and Row.

Ickes, W. et al. (eds.) (1982). *Personality, Roles, and Social Behavior.* New York: Springer-Verlag.

Janosik, E. (1984). *Crisis Counseling.* Montery Ca.: Wadsworth Health Services Division.

Maier, N. R. F. (1973). *Psychology in Industrial Organizations.* Boston: Hougnton Mifflin.

Martindale, D. (1982). *Personality and Melieu: The Sharping of Social Service Culture*. Houston: Cap and Gown Press.

Miler, G. A. (ed.)(1974). *Psychology and Communication*. Wash. D. C.: Voice of America.

Muchinsky, P. M. (1983). *Psychology Applied to Work: an Introduction to Industrial and Organizational Psychology*. Ill: Dorsey Press.

Ornstein, R. E. (1985). *Psychology: the Study of Human Experience*. San Diego: Hareourt Brace Jovauovick.

Pressey, S. L. et al. (1975). *Psychological Development Through the Life Span*. New York: Harper & Brothers.

Smich, L. L. (1976). *Crisis Intervention, Theory and Practice: A Sources Book*. Wash. D. C.: The University Press of America.

王秀枝等： 〈生活事件、生活壓力及心理疾病的動力關係〉， 《中華心理衛生學刊》， 3(2)。臺北： 中國心理衛生協會，民國七十六年元月，頁 155-170。

吳英璋： 〈環境噪音與生活壓力〉，《中華心理衛生學刊》， 2 (1)。 臺北： 中國心理衛生協會，民國七十四年五月。頁155-165。

柯永河： 〈不同理論心目中之良好習慣〉，《中華心理衛生學刊》， 2(1)。臺北： 中國心理衛生協會， 民國七十四年五月。 頁 21-34。

張芝雲： 〈生活壓力的概念與測量〉，《中華心理衛生學刊》,2(1)。 臺北： 中國心理衛生協會，民國七十四年五月，頁137-151。

藍采風： 《壓力與適應》。臺北： 幼獅文化公司，民國七十二年十二月。頁23-51， 〈壓力來源與壓力診斷〉。

廖榮利: 《心理衛生》。臺北: 國立編譯館, 千華出版公司, 民國
　　七十七年九月二版。頁108-128, 〈成年人的社會適應〉。
廖榮利: 《公務行爲與生活動力》。中興新村: 臺灣省訓練團, 民
　　國七十七年七月初版, 頁 63-85, 〈職業婦女的二十四小時運作
　　藝術〉。

參 考 書 目

Abele, P. et al. (1983). *Administration in Human Services: A Normative System Approach*. New Jersy: Prentice-Hall.

Agyris, C. (1964). *Integrating the Individual and the Organization*. New York: John Wiley & Sons.

Akabas, S. & Kurzman, P. A. (Eds.). (1982). *Work, Workers and Work Organizations: A View from Social Work*. Englewood Cliffs. N. J.: Prentice-Hall.

Anderson, R. E. & Carter, I. (1978). *Human Behavior and the Social Environment: A Social Systems Approach* (2nd ed.). Chicago: Aldine Publishing Co..

Anthony, W. (1978). *Participative Management*. Reading, Mass.: Addison-Wesley Publishing Co..

Austin, M. J. (1981). *Supervisory Management for the Human Services*. Englewood Cliffs. N. J.: Prentice-Hall.

Austin, M. J. (1981). *Supervisory Management for the Human Services*. Englewood Cliffs. N. J.: Prentice-Hall.

Austin, M. J., Brannon, D. & Pecora. P. J. (1984). *Managing Staff Development Programs in Human Services Agencies*. Chicago: Nelson-Hall.

Baker, R. L. (1987). *The Social Work Dictionary*. Silver

Spring, Ma.: National Association of Social Workers.

Ballow, J.R. (1986). *Case Management in the Human Services.* Springfield, Ill.: Thoinas Books.

Bass, B.M. (1981). *Stogdill's Handbook of Leadership.* New York: Free Press.

Bassoff, B.Z. (1976-77). "Interdisciplinary Education for Health Professionals." *Social Work in Health Care,* 2(2), 219-228.

Beach, D.S. (1975). *Personnel: The Management of People at Work.* New York: MacMillan Publishing Co..

Beatty, R. W. & Schneier, C. E. (1977). *Personnel Administration: An Experimental Skill-Building Approach.* Reading, Mass.: Addison-Wesley.

Berger, R. & Federico, R. (1982). *Human Behavior: A Social Work Perspective.* New York: Longman.

Best, G., Dennis, G. & Draper, P. (1977). *Health the Mass Media and the National Health Service.* London, England: Unit for the Study of Health Policy.

Borenzweig, H. (1981). "Agency vs. Private Practice: Similarities and Differences." *Social Work,* 26(3), 239-244.

Bracht, N. (1978). *Social Work in Health Care.* New York: Haworth Press.

Bracht, N. (1975). "Health Maintenance: Legislative and Training Implications." *Journal of Education for Social Work,* 11(1), 36-44.

Bracht, N. & Anderson, I. (1975). "Community Fieldwork Collaboration between Medical and Social Work Students. " *Social Work in Health Care*, 1(1), 7-17.

Brawley, E. A. (1983). *Mass Media and Human Services*. Beverly Hills, Calif. : Sage Publications.

Brawley, E. A. (1983). *Mass Media and Human Services*: *Getting the Message Across*. Beverly Hills, Calif. : Sage Publications.

Bronzino, J. D. (1982). *Computer Applications for Patient Care*. Reading, Mass. : Addison-Wesley Publishing Co. .

Burns, T. & Stalker, G. (1961). *The Management of Innovation*. London, England: Tavistock Publications.

Cascio, W. F. (1982). *Applied Psychology in Personnel Management* (2nd ed.). Reston, Va. : Reston Publishing Co. .

Cook, T. & Russell, R. (1980). *Contemporary Operations Management*. Englewood Cliffs, N. J. : Prentice-Hall.

Council on Social Work Education. (1985). *Colleges and Universities with Accredited Social Work Degree Programs*. Washington, D. C. : Author.

Cullen, J. B. (1978). *The Structure of Professionalism*: *A Quantitative Examination*. New York: Petrocelli Books.

Derber, C. (Ed.). (1982). *Professionals as Workers*: *Mental Labor in Advanced Capitalism*. Boston: G. K. Hall.

DeLoache, W. F. (1976). "Public Relations: A State of Mind. "

Social Casework, 57(7), 432-437.

Edsall, T. B. (1984). *The New Politics of Inequality*. New York: W. W. Norton & Co..

Elkin, R. & Molitor, M. (1984). *Management Indicators in Nonprofit Organizations*. New York: Peat, Marwick, Mitchell & Co..

Feldstein, P. J. (1983). *Health Care Economics*. New York: John Wiley & Sons.

French, J. R. P., Jr., Caplan, R. D. & Harrison, R. V. (1982). *The Mechanisms of Job Stress and Strain*. Chichester, England: John Wiley & Sons.

Galbraith, J. (1973). *Designing Complex Organizations*. Reading, Mass.: Addison-Wesley Publishing Co..

Gambrill, E. & Stein, T. J. (1983). *Supervision: A Decision-Making Approach*. Beverly Hills, Calif.: Sage Publications.

Gilbert, N., Miller, H. & Specht, H. (1980). *An Introduction to Social Work Practice*. Englewood Cliffs, N. J.: Prentice-Hall.

Gilbert, N. (1983). *Capitalism and the Welfare State*. New Haven, Conn.: Yale University Press.

Goodsell, Charles T. (1983). *The Case for Bureaucracy: A Public Administration Polemnic*. Chatham, N. J.: Chatham House.

Hackman, J. R. & Suttle, J. L. (1977). *Improving Life at*

Work. Santa Monica, Calif.: Goodyear Publishing Co..

Hage, J. (1980). *Theories of Organizations*. New York: John Wiley & Sons.

Hage, J. & Aiken, M. (1969). *Social Change in Complex Organizations*, New York: Random House.

Hall, R. (1982). *Organization: Structure and Process* (rev. ed.). Englewood Cliffs, N.J.: Prentice-Hall.

Hall, R.H. (1968). "Professionalization and Bureaucraticization." *American Sociological Review*, 33(1), 92-104.

Hasenfeld, Y. (1983). *Human Service Organizations*. Englewood Cliffs, N.J.: Prentice-Hall.

Hasenfeld, Y. (1983). *Human Service Organization*. Englewood Cliffs, N.J.: Prentice-Hall.

Hershey, P. & Blanchard, K.H. (1977). *Management of Organizational Behavior: Utilizing Human Resources* (3rd ed.). Englewood Cliffs, N.J.: Prentice-Hall.

House, J.S. (1983). *Work Stress and Social Support*. Reading, Mass.: Addison-Wesley Publishing Co..

Howell, W.C. (1976). *Essentials of Industrial and Organizational Psychology*. Homewood, Ill.: Dorsey Press.

Joslyn-Scherer, M.S. (1980). *Communication in the Human Services: A Guide to Therapeutic Journalism*. Beverly Hills, Calif.: Sage Publishing Co..

Kadushin, A. (1976). *Supervision in Social Work*. New York: Columbia University Press.

Katz, D. & Kahn, R. L. (1978). *The Social Psychology of Organizations* (2nd ed.). New York: John Wiley & Sons.

Larson, M. S. (1977), *The Rise of Professionalism: A Sociological Analysis.* Berkeley: University of California Press.

Lawrence, P. & Lorsch, J. (1967). *Organizations and Environment: Managing Differentiation and Integration.* Cambridge, Mass.: Harvard University Press.

Levinson, H. (1981). *The Executive.* Cambridge, Mass.: Harvard University Press.

Levy, C. (1982). *Guide to Ethical Decisions and Actions for Social Service Administrators.* New York: Haworth Press.

Lewis, H. (1977). "The Future Role of the Social Service Administrator." *Social Work*, 1(2), 115-122.

Lynn, L. (1981). *Managing the Public's Business: The Job of the Government Executive.* New York: Basic Books.

Lynn, L. E. , Jr. (1980). *The State and Human Services.* Boston: M. I. T. Press.

Mackintosh, D. R. (1978). *Systems of Health Care.* Boulder, Colo.: Westview Press.

MacShane, D. (1979). *Using the Media, How to Deal with the Press, Television and Radio.* London. England: Pluto Press.

Maddalena, L. A. (1981). *A Communications Manual for*

Nonprofit Organizations. New York: AMACOM.

Mandell, B. R. & Schram, B. (1985). *Human Services: Introduction and Interventions.* New York: John Wiley & Sons.

Minahan, A. (Editor-in-Chief). (1987). *Encyclopedia of Social Work*, 18th ed., Vol. 1, 2. Silver Spring, Ma.: National Association of Social Workers.

Mintzberg, H. (1983). *Designing Effective Organizations.* Englewood Cliffs, N. J.: Prentice-Hall.

Miringoff, M. L. (1980). *Management in Human Service Organizations.* New York: MacMillan Publishing Co..

Nelkin, D. & Brown, M. S. (1984). *Workers at Risk: Voices from the Workplace.* Chicago University of Chicago Press.

Ouchi, W. G. (1981). *Theory Z: How American Business Can Meet the Japanese Challenge.* Reading, Mass.: Addison-Wesley Publishing Co..

Patti, R. (1983). *Social Welfare Administraton: Managing Programs in a Developing Context.* Englewood Cliffs, N. J.: Prentice-Hall.

Patti, R. J. (1983). *Social Welfare Administration: Managing Social Programs in a Developmental Context.* Englewood Cliffs, N. J.: Prentice-Hall.

Patti, R. (1983). *Socical Welfare Administration Managing Social Programs in a Developmental Context.* Englewood

Cliffs, N. J.: Prentice-Hall.

Regensburg, J. (1978). *Toward Education for Health Professions*. New York: Harper & Row.

Perlmutter, F. & Slavin, S. (1980). *Leadership in Social Administration*. Philadelphia: Temple University Press.

Reynolds, B. C. (1985). *Learning and Teaching in the Practice of Social Work*. Silver Spring, Md.: National Association of Social Workers. (Original work published 1942).

Rock, M. L. (1983). *Handbook of Wage and Salary Administration* (2nd ed.). New York: McGraw-Hill.

Root, L. S. (1983). *Employee Benefits and Social Welfare: Complement and Conflict*. Unpublished manuscript, University of Michigan, Ann Arbor.

Rothman, G. C. (1985). *Philanthropists, Therapists and Activists*. Cambridge, Mass.: Schenkman Publishing Co..

Sarri, R. (1984). *Executive Leadership in Turbulent Environments*. Launceston. Tasmania: Australian Council on Social Work Education.

Sarri, R. & Hasenfeld, Y. (Eds.). (1978). *The Management of Human Services*. New York: Columbia University Press.

Schoderbek, P. P. (1980). *Personnel Administration in the Voluntary Agency*. Alexandria, Va.: United Way of America. Volunteer Leadership Development Program.

Selznik, P. (1957). *Leadership in Administration.* New York: Harper & Row.

Shulman, L. (1982). *Skills of Supervision and Staff Management.* Itasca, Ill.: F. E. Peacock Publishers.

Shulman, L. (1982). *Skills of Supervision and Staff Management.* Itasca, Ill.: F. E. Peacock Publishers.

Simon, H. A. (1976). *Administrative Behavior* (3rd ed.). New York: Free Press.

Slavin, S. (1981, November). *Some Conceptual Issues in Social Work Administration.* Paper Presented at the National Association of Social Workers Symposium, Philadelphia.

Slavin, S. (Ed.). (1982). *Applying Computers in Social Service and Mental Health Agencies.* New York: Haworth Press.

Stein, H. (Ed.). (1981). *Organization and the Human Services: Cross-Disciplinary Reflections.* Philadelphia: Temple University Press.

Steinberg, R. M. & Carter, C. W. (1983). *Case Management and the Elderly.* Lexington, Mass.: Lexington Books.

Teare, R. J. (1981). *Social Work Practice in a Public Welfare Setting: An Empirical Analysis.* New York: Praeger.

Toch, H. & Grant, J. D. (1982). *Reforming Human Services: Change Through Participation.* Beverly Hills, Calif.: Sage Publications.

Trecker, H. (1946). *Group Process in Administration*. New York: Woman's Press.

Vinter, R. & Kish, R. (1985). *Budgeting for Not-for-Profit Organizations*. New York: Free Press.

Weissman, H., Epstein, I. & Savage, A. (1984). *Agency-Based Social Work*. Philadelphia: Temple University Press.

Wilensky, H. L. (1976). *The New Corporation: Centralization and the Welfare State*. Beverly Hills, Calif.: Sage Publications.

Withorn, A. (1984). *Serving the People: Social Services and Social Change*. New York: Columbia University Press.

Zander, A. (1983). *Making Groups Effective*. San Francisco: Jossey-Bass.

李長貴：《行為科學》。臺北：中華書局，民國七十二年。

大內原著，黃明堅譯：《Z理論》。臺北：長河出版社，民國七十三年。

廖榮利：《社會工作實習指導與督導訓練》。臺中：基督教兒童基金會，民國六十九年。

廖榮利：《督導技術》。臺北：社區發展研訓中心，民國七十五年。

廖榮利：《醫療社會學》。臺北：三民書局，民國七十三年。

楊懋春：《社會學》。臺北：臺灣商務印書館，民國七十五年。

張笠雲：《組織社會學》。臺北：三民書局，民國七十五年。

王志剛譯：《管理學導論》。臺北：華泰書局，民國七十七年。

李長貴：《行為科學》。臺北：臺灣中華書局，民國七十三年。

吳秉恩：《組織行為學》。臺北：華泰書局，民國七十五年。

張苙雲:《組織社會學》。臺北:三民書局,民國七十五年。

張苙雲:〈行政組織內的個人生涯發展〉。《民族學研究所季刊》,66,民國七十九年,頁1-29。

鄭心雄、周震歐、廖榮利:《青年領導觀念、領導能力調查研究》。臺北:幼獅文化公司,民國七十六年。

廖榮利:「經理級企業主管管理潛能發展特別研習班」教材。臺北:中華企業管理發展中心,民國七十七年。

廖榮利:《社會工作理論與模式》。臺北:五南出版社,民國七十七年。

廖榮利:《管理的智慧:人羣服務經營藝術》。臺北:臺灣電視公司「高級管理主管研究班」教材,民國七十八年。

廖榮利:〈行政協調與機構團隊之動態程序〉。《行政管理論文選輯㈢》。臺北:銓敍部,民國七十八年,頁269-300。

廖榮利:〈臺灣女性主管之女性觀與領導觀研究分析〉,《行政管理論文選輯㈣》。臺北:銓敍部,民國七十九年,頁89-108。

三民大專用書書目——國父遺教

三民主義	孫	文	著	
三民主義要論	周	世輔	編著	前政治大學
	涂	子麟		中山大學
大專聯考三民主義複習指要	涂	子麟	著	
建國方略建國大綱	孫	文	著	
民權初步	孫	文	著	
國父思想	涂	子麟	著	中山大學
國父思想	涂	子麟	編著	中山大學
	林	金朝		臺灣師大
國父思想新論	周	世輔	著	前政治大學
國父思想要義	周	世輔	著	前政治大學
國父思想綱要	周	世輔	著	前政治大學
中山思想新詮	周	世輔	著	前政治大學
——總論與民族主義	周	陽山		臺灣大學
中山思想新詮	周	世輔	著	前政治大學
——民權主義與中華民國憲法	周	陽山		臺灣大學
國父思想概要	張	鐵君	著	
國父遺教概要	張	鐵君	著	
國父遺教表解	尹	讓轍	著	
三民主義要義	涂	子麟	著	中山大學
國父思想（修訂新版）	周	世輔	著	前政治大學
	周	陽山		臺灣大學

三民大專用書書目——行政・管理

三民大專用書書目——社會